CHARLES.II.DVC DE MANTOVE.ET DE
MONTFERRAT.NIVERNOIS.RETHELOIS.ET
MAYENNE.PAIR DE FRANCE.PRINCE
SOVVERAIN D'ARCHES.ET DE CHARLEVILE

Nanteuil   *Fucighat*

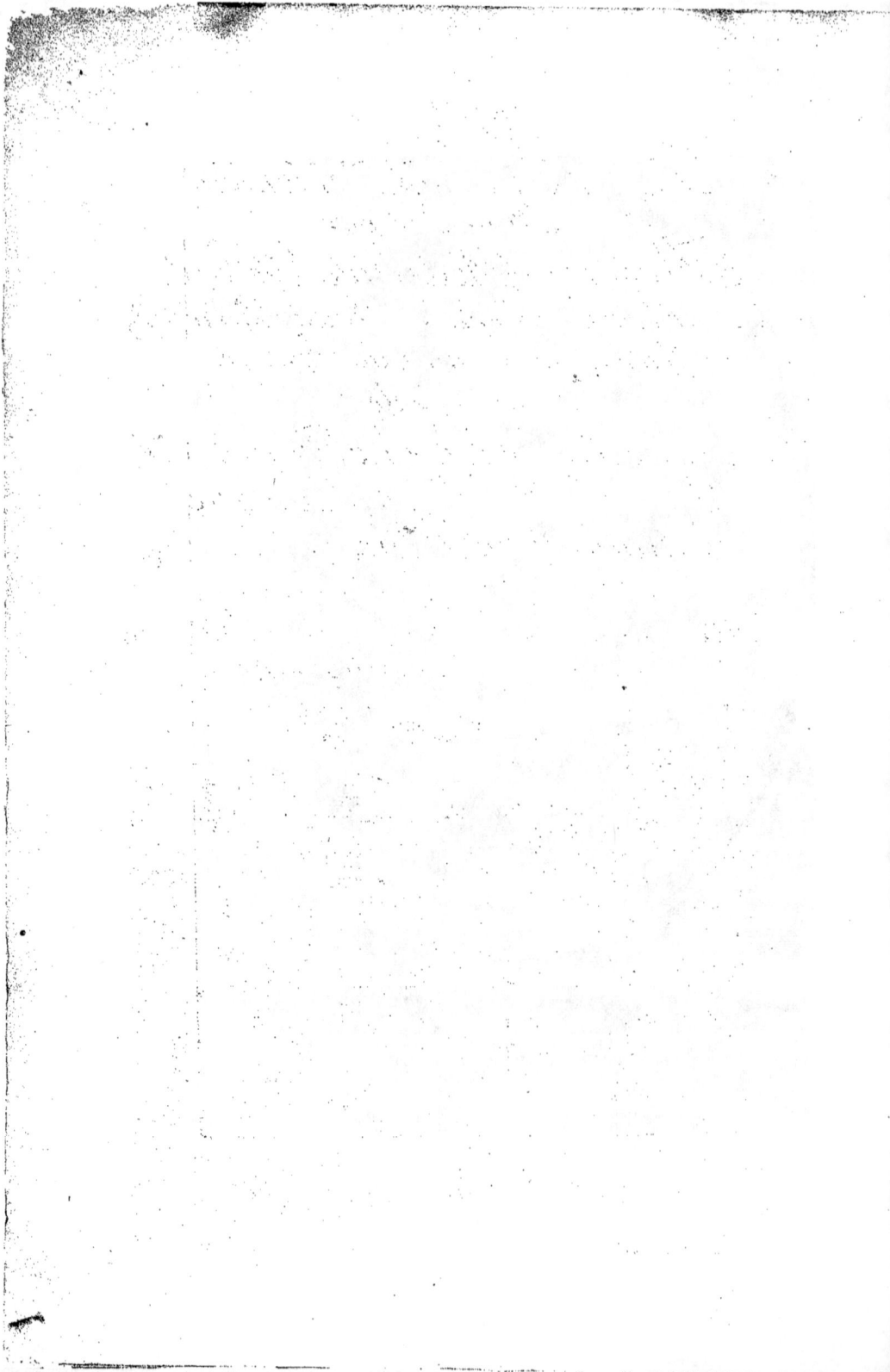

Arrest
De la Cour de Parlement
Prononcé par

Messire Mathieu Molé,

Chevalier, premier President du Parlem.t
& Garde des Seaux de France.

Au profit de

Monsieur le Duc de Mantoüe,

Contre la Reyne de Bologne,
& Madame la Princesse Palatine.

Ensemble les Plaidoiers de

Monsieur l'Aduocat general Bignon,
Et des Aduocats des parties.

Rob. Nanteuil. fecebat

EXTRAICT
DES REGISTRES
DE PARLEMENT.

ENTRE Louyse Marie Royne de Pologne &
de Suede, née Princesse de Mantoüe & de
Montferrat, authorisée par son contract de
mariage pour la iouyssance & disposition de
ses biens, & pour la poursuitte de ses droicts
& actions, Et Anne de Gonzagues de Cleues
Princesse de Mantoüe & de Montferrat, espouse de Messire Edoüard de Bauieres, Comte Palatin du Rhin, Duc de Bauieres, & de luy
authorisée pour la poursuite de ses droicts &
actions, appellantes des saisies reelles & establissement de Commis-
saire faites à la Requeste des creanciers de la succession de deffunct
Charles I. Duc de Mantoüe & de Montferrat leur pere, des Duchez
de Niuernois, Mayenne, Rethelois, Senonches, & des rentes deuës
par le Roy à ladite succession, & demanderesses selon la clause du relief d'appel du 20. Nouembre 1649. tendante afin d'estre maintenuës
& gardées, & deffenses au sieur Duc de Mantoüe intimé & deffen-
deur cy apres nommé & tous autres de les troubler, en la possession
& iouyssance de tous les biens de la succession dudit deffunct sieur
Duc de Mantoüe leur pere scituez en France, auec restitution de
fruicts, despens dommages & interests; & encore pour estre resti-
tuées contre tous les actes par elles faits approbatifs & en execution
de l'Arrest du 7. iour de Nouembre 1645. & encore demanderesses
en Requeste iudiciairement faite en l'Audiance, afin d'estre receuës
opposantes à l'execution de l'Arrest de la Cour de verification des
Lettres de Declaration accordées par le Roy audit sieur Duc de
Mantoüe & à l'Imperatrice sa sœur le 23. Fevrier 1646. d'vne part,

A

Et Charles II. Dvc de Mantove et de Montferrat,
Nivernois, Rethelois et Mayenne, Pair de France,
Prince Sovverain d'Arches et de Charleville,
intimé & defendeur d'autre, sans que les qualitez puissent nuire ny
preiudicier aux parties. De Montholon pour la Royne de Pologne
& la Princesse Palatine sa sœur, A dit, Qu'en cette cause toute Illustre
par la dignité des personnes interessées, & la valeur des biens contentieux, & l'importance des questions qui se rencontrent à iuger en
icelle, c'est vn glorieux auantage pour la France, & pour ce grand Parlement, d'y auoir des Soüuerains supplians & poursuiuans, non point
pour des biens qui soient hors le Royaume, ny par vne soûmission
volontaire, comme jadis en l'an 1244. le Pape Innocent IV. & l'Empereur Frideric II. lesquels pour la decision d'vn differend entr'eux
auoient choisi le Parlement pour leur Iuge, tant a esté celebre de toute ancienneté la reputation de cette auguste Compagnie ; Mais par
vne heureuse necessité qui oblige les Couronnes Estrangeres, desi-
reuses d'auoir en des terres de France, ce qui ne se trouue point en autres endroits du monde, à subir la Iurisdiction du Parlement, Côme en
1274. le Roy d'Angleterre Edoüard I. pour l'hommage du Bearn, par
luy pretendu comme Duc de Guyenne contre Gaston de Montcade,
En 1342. le Duc de Lorraine contre la Dame de Chastillon sa sœur sur
leurs partages , En 1390. le Duc de Sauoye contre le Marquis de Saluces pour vne partie de son fief, En 1601. le Duc de Modene contre la
Duchesse de Nemours, pour le Duché de Chartres & autres terres,
ausquels exemples plusieurs autres pour augmenter le nombre pourroient estre adioustez, qui paroissent dans les Registres du Parlement,
fidels & precieux monumens de nostre Histoire : Mais en la procedure de cette cause il y a diuersité de conduite entre les Souuerains qui
s'y trouuent interessez, d'vne part La Royne de Pologne entre les
choses excellentes dont elle est parfaitement sçauante , cognoissant
les Loix de la France, pays de sa naissance & de son éducation, d'où
elle n'est point estrangere pour regner en vn autre Royaume , *dulces*
absens reminiscitur argos , poursuit auec la Princesse Palatine sa sœur,
pour la succession du feu Duc de Mantouë leur pere , de laquelle les
principaux biens sont des Duchez & Pairies des plus considerables
du Royaume, vne action par elles intentée & continuée depuis plus
de douze ans au Parlement, Iuge ordinaire & necessaire du titre des
terres de cette qualité, & de la question d'Estat par le moyen de laquelle les biens dont il s'agit sont contestez : d'autre part Le Duc de
Mantouë qui voudroit passer pour François en la mesme succession,
encore qu'il soit né dans l'Italie Prince de l'Empire, pour pretendre
en sa faueur exception à vne de nos Loix d'Estat, reuoque en doute

depuis tant d'années, que la decifion de fa pretention appartienne au Parlement, qui eft feul Iuge de la Proprieté des domaines de la Couronne entre le Roy & fes Subjets, *nouum fingens in fydere numen fublimiore Ioui.* Apres les artifices & les efforts par lefquels il a deftourné cette caufe du cours ordinaire de la juftice, comme fi c'euft efté vne affaire d'Eftat purement eftrangere, pour le iugement de laquelle il n'y euft point de droict eftably, enfin la liberté de la pourfuite eftant renduë à la Royne de Pologne & à la Princeffe Palatine, pour vendiquer la fucceffion de leur pere des mains de leur nepueu, qui la detient depuis plus de cinq ans à leur preiudice fans titre legitime, elles efperent qu'apres tant de trauerfes d'efloignemens & d'agitations, *dabitur vexatæ littora puppi prendere, ne longè nimium fit proxima Tellus.* Il eft conftant au faict, duquel en ce differend comme en tous autres refultent les moyens de droict, Que feu Meffire Charles de Gonzagues de Cleues, alors de fon decez Duc de Mantouë, des biens duquel il s'agit en ce qu'il en a laiffé de fcituez en France, eft né dans le Royaume, fils de deffuncts Meffire Ludouic de Gonzagues Prince de Mantouë naturalifé en France, & de Dame Henriette de Cleues fon efpoufe, laquelle eftoit iffuë de Meffire Engilbert de Cleues fon bifayeul, Prince eftranger naturalifé en France, & le feu Duc de Mantouë ayant eu de la fucceffion de fon pere les terres de Senonches & Brezolles, que fon pere auoit fait eriger en titre de Principauté de Mantouë, & de la fucceffion de fa mere ayant eu les Duchez & Pairries de Niuernois & de Rethelois, la Principauté d'Arches ou Charleville, qu'on eftime Souueraineté, les Marquifat d'Ifles, Vicomté de Sainct Florentin, Baronnie d'Eruy le Chaftel, Seigneuries de Sainct Vallery & Cayeu fur la mer, & plufieurs rentes fur les Receptes du Roy, & ayant acquis les Duché & Pairrie de Mayenne, Principauté de Portien, Marquifat de Montcornet, & des rentes fur l'Hoftel de cette Ville de Paris, & par engagement du domaine du Roy la Baronnie de Chafteauneuf en Thimerais, & de fon mariage auec Dame Catherine de Lorraine, fille & fœur des Ducs de Mayenne, decedé auparauant luy, ayant eu entr'autres enfans Meffire Charles de Gonzagues de Cleues, pere de Duc de Mantouë qui eft maintenant, & les Princeffes Marie & Anne, qui font à prefent la Royne de Pologne & la Princeffe Palatine, fa Maifon en France eftant ainfi difpofée, il s'eft retiré hors du Royaume en 1627. a paffé en Italie, & y a transferé fon domicile & fon eftabliffement en qualité de Duc de Mantoüe & de Montferrat, au moyen de la fucceffion collaterale à luy efcheüe du Duc Vincent II. decedé fans enfans, & comme s'il n'euft pas voulu que le Prince Charles fon feul fils alors euft refté apres luy dans la France, il l'a fait paffer auant luy en Italie, où il a efté eftably par fon mariage auec la

Princeſſe Marie fille du Duc François II. pour oſter toute apparence
en Italie, ou defiance de retour du Prince Charles en France, ce mariage duquel eſt iſſu le Duc de Mantouë qui eſt à preſent, n'ayant pas
eſté neceſſaire pour faire ceſſer la pretention qu'auroit eu la Princeſſe
de Mantouë en la ſucceſſion du Duc Vincent I I. ſon oncle , puis
qu'ayant eſté excluſe comme fille, de la ſucceſſion du Duc François II.
ſon pere, par le Duc Ferdinand ſon oncle, auparauant Cardinal, Et encore apres de la ſucceſſion d'iceluy par le Duc Vincent II. ſon autre
oncle, elle n'euſt point eu ce droict de ſe pretendre ſon heritiere par
preference au Duc de Niuernois, lequel quoy que parent au troiſieſme degré, eſtoit le plus proche maſle, & lequel quoy que né en France,
& hors les Eſtats de Mantouë & de Montferrat, y eſtoit appellé par le
titre primordial de l'inueſtiture, portant affectation aux maſles, ce qui
n'eſt point ſucceſſion qui puiſſe eſtre empeſchée par la Loy d'Aubeine,
mais ſuite d'infeodation, qui eſt diſpoſition entre vifs, dont les Eſtrangers ſont capables par le Droict des Gens, n'eſtans exclus que des ſuc-
ceſſiós par le Droict Ciuil, pour leſquelles il faut auoir le Droict de Cité, qu'ils n'ont pas dans les pays où ils ſont Eſtrangers: ainſi a paſſé de
France en Italie le feu Duc de Mantouë auec le Prince Charles ſon fils,
ſans auoir obtenu Lettres patentes du Roy, ny ſeulement vn ſimple
Breuet, & ſans meſmes auoir fait aucun acte de declaration ou proteſtation par deuant quelque perſonne publique, pour ſe conſeruer les
droicts des François originaires; il a eſté ſecouru & protegé contre les
entrepriſes & inuaſions de ſes Ennemis par les Armes victorieuſes de
la France, non point comme Subjet du Roy, mais comme Prince
Souuerain Allié de la Couronne: dans le trouble de ſes Eſtats il a eu
la ioye domeſtique pour luy, & publique pour ſes Eſtats, de la naiſſance de ſon petit fils, auiourd'huy Duc de Mantouë, & de la Princeſſe
Eleonor ſa ſœur, tous deux nez en Italie; mais en ſuite il a perdu le
Prince Charles ſon fils, decedé en Italie, où a eſté inhumé le feu Duc
de Mantouë qui eſt decedé pareillement en Italie, en Septembre 1637.
& y a auſſi eu ſa ſepulture, ſelon qu'il l'auoit ordonné de ſon viuant:
ces deux Princes pere & fils retournez & demeurez en la terre de leurs
Anceſtres, comme ruiſſeaux remontez à leurs ſources, ou rejettons ar-
rachez & replantez auec leur tronc : ſa mort a ſaiſi de ſes biens de
France deux de ſes plus proches habiles à luy ſucceder ſelon la Loy du
Royaume, qui eſtoient la Royne de Pologne & la Princeſſe Palatine
ſes filles, le Duc de Mantouë ſon petit fils , eſtranger de naiſſance
d'habitation & d'eſtabliſſement, & la Princeſſe Eleonor ſa petite fille
de meſme origine & condition, eſtans exclus de luy ſucceder par la
Loy d'Aubaine; en conſequence dequoy la Royne de Pologne & la
Princeſſe Palatine ſont entrées en poſſeſſion & iouyſſance reelle &

actuelle

V

actuelle des biens de leur pere en France, esquels ayans esté troublées par l'Euesque de Cazal Ambassadeur du Duc de Mantouë vers le Roy, par vne pretenduë ordonnance qu'il entreprist de decerner aux Fermiers des terres de la succession, de payer entre les mains d'vn Receueur par luy estably, elles ont formé complainte au Parlement, & sur Requeste auec connoissance de cause, & Conclusions du Procureur general, ont obtenu Arrest le 8. Iuin 1638. par lequel Commission leur a esté octroyée pour faire assigner en la Cour la Princesse de Mantouë mere du Duc de Mantouë alors sa tutrice, au domicile de l'Euesque de Cazal, aux fins de la complainte, & cependant ordonné que les Receueurs, Fermiers & debiteurs de la succession continueroient de payer à la Royne de Pologne & à la Princesse Palatine, ce qui estoit & seroit deub par eux, & y seroient contraints par les voyes qu'ils y estoient obligez, quoy faisant ils en demeureroient deschargez, le tout sans preiudice du droict des parties, en vertu duquel Arrest par exploict du lendemain l'assignation a esté donnée, à laquelle au lieu de comparoir par la Princesse de Mantouë pour le Duc son fils, on a fait tout ce qu'il est possible de la part d'vn Prince souuerain, ayant en son domaine quelque place vtile à la France dans les guerres estrangeres, pour essayer d'auoir au Conseil du Roy vn Arrest contraire, l'Arrest du Parlement estant selon les formes & les regles de la Iustice, pour des heritieres Françoises & Regnicoles, contre vn estranger pretendant droict en vne succession, non seulement l'Arrest n'a point eu d'atteinte; Mais de plus la Royne de Pologne & la Princesse Palatine comme seules reconnuës heritieres de leur pere en France, ont eu plusieurs Arrests au Conseil pour le payement des rentes sur les receptes du Roy, plusieurs Arrests au Parlement tant pour le reuenu, que pour le fonds de quelques biens de la succession, des Lettres patentes tant pour surseance de la foy & hommage des Terres mouuantes du Roy, que pour la permission de faire nouuelles ruës dans Paris en l'estenduë de l'Hostel de Neuers qui seroit vendu par la Royne de Pologne, icelles Lettres verifiées au Parlement, & diuers autres actes ont esté faits par elles de Dames & proprietaires des biens de leur deffunct pere scituez en France; Le Duc de Mantouë assigné & defaillant leur consentoit cette qualité par son silence, elles en eussent poursuiuy vn Arrest difinitif au Parlement, mais elles en ont esté retenuës par respect aux ordres du Roy; ceux par lesquels on les auoit alors, en affaires de cette qualité, leurs faisans entendre que sa Majesté vouloit la surseance sans interruption de la possession des biens par les Princesses, lesquelles durant leur jouissance ont terminé par Arrests & transactions plusieurs procez im-

B

portans pour la conſeruation & augmentation, & les ayans trouuez
chargez entre autres debtes, d'vn grand nombre de rentes cõſtituées,
elles en ont payé des arrerages à proportion de ce qu'il en eſt eſcheu
par chacune des huiɛt années qu'elles ont receu les reuenus, outre
les redeuances & autres charges foncieres qu'elles ont pareillement
acquittées; Nonobſtant les diminutions arriuées dans les reuenus par
les difficultez notoires du temps, elles ſont demeurées en cét eſtat
iuſques vers la fin de l'année 1645. qu'aprés auoir ſupplié, & inſiſté
prés du Roy, pour faire ceſſer la ſurſeance, l'occaſion de ce mariage,
duquel aprés la magnifique ſeconde Ambaſſade de Pologne, dont
la pompe ſera à iamais memorable dans l'Hiſtoire, la ſolemnité ayant
eſté faite à Paris, & la Royne de Pologne en eſtant partie vers la fin
de Nouembre 1645. le deuxieſme de Ianuier enſuiuant à la requeſte
du Duc de Mantoüe, on a ſignifié à luy qui parle comme ayant charge des affaires de la Royne de Pologne en France, vn Arreſt du Conſeil d'Eſtat, le Roy y ſeant, datté du ſeptieſme Nouembre precedent,
par lequel il eſt énoncé que le Roy ayant éuoqué à ſa perſonne le differend de la ſucceſſion du feu Duc de Mantoüe en France; & ordonné aux parties par Lettres du ſeizieſme de May 1640. d'en deſduire les
raiſons à Monſieur le Chancelier, & à luy de les oüir, receuoir leurs
tiltres & papiers, & examiner leurs droiɛts, pour à ſon rapport y eſtre
pourueu; & qu'ainſi ayant eſté fait, veu les tiltres, eſcritures, demandes, repliques, & contrediɛts des parties, & oüy le rapport de Monſieur le Chancelier, Le Roy a declaré les biens de la ſucceſſion du feu
Duc de Mantoüe en France appartenir au Duc de Mantoüe ſon petit fils, & ſon heritier legitime, & teſtamentaire, l'a maintenu & gardé en la poſſeſſion & iouyſſance d'iceux; Ordonné que ceux qui en
ont manié les reuenus depuis le deceds luy en rendront compte; &
s'il arriue ſur ce ſuiet quelque differend entre le Duc de Mantoüe, &
ſes tantes qui regarde leurs intereſts, Le Roy s'en eſt reſerué la connoiſſance, le tout à la charge de payer par le Duc de Mantoüe à la
Royne de Pologne pour ſa dot, la ſomme de quinze cens mille liures, à laquelle de ſon conſentement le Roy a liquidé tous ſes Droiɛts
ſucceſſifs, tant de pere que de mere, & autres ſucceſſions eſcheuës à
quelque tiltre que ce ſoit, & en quelques lieux que les biens des ſucceſſions ſoient ſcituez, Icelle ſomme de quinze mil liures payable en la forme, & aux termes portez par le Contraɛt de mariage de
la Royne de Pologne; & encore à la charge de payer par le Duc de
Mantoüe à la Princeſſe Palatine pour ſa dot, la ſomme de douze cens
mille liures aux termes, & en la forme qui ſeroit ordonnée par le Roy,
& en attendant, l'intereſt au denier vingt, pour luy tenir lieu de fonds
& propre, & pour les droiɛts qu'elle pourroit pretendre és meſmes

VII

successions de toutes debtes, desquelles les deux sommes de quinze
cens mille liures d'vne part, & douze cens mille liures d'autre, demeu-
reroiét franches & quittes; & ordonné que toutes Lettres patentes seroient expediées au Duc de Mantouë, pour estre verifiées au Parle-
mét,& en la Chambre des Comptes. Cét Arrest a esté signifié à la Princesse Palatine le trentiesme Decembre 1645. nouuellement alors re-
tournée dans Paris par permission du Roy, & par ce qu'on ne pouuoit pas dire qu'elle l'eust consenty auant qu'il fust rendu, pour auoir
pretexte de pretendre qu'elle l'eust approuué depuis, on luy a fait
entendre que le Roy vouloit que le Prince Palatin son mary & elle
en fissent l'acceptation: A quoy pour obeïr par l'exploict de signification, elle a declaré qu'elle l'acceptoit ; Et à ce faire est interuenu le
Prince Palatin, lequel a aussi en tant qu'à luy est accepté la signification, ce qui n'est d'aucun effect, s'agissant des propres de la Princesse
Palatine, laquelle a preuenu cette pretenduë acceptation, par vn acte
de protestation du 29. Decembre 1645. qu'elle a fait, escrit & signé
de sa main, & lequel ayant fermé, & cacheté, comme si ç'eust esté
vn testament secret, elle a pris acte du mesme iour pardeuant deux
Notaires du Chastelet, Que le papier inclus estoit son testament, ainsi
que du tout appert tant par l'inspection de la piece, que par le procez
verbal de l'ouuerture qui en a esté faite au sujet de cette cause, pardeuant vn Conseiller de la Cour commis à cét effet, Le Duc de Mantoüe deuëment appellé. Cette Protestation de la Princesse Palatine,
tendante aux mesmes fins, que celle de la Royne de Pologne, de se
conseruer la facilité d'agir en temps & lieu, nonobstant l'acceptation
de l'Arrest du Conseil, & fondée sur ce que la Princesse Palatine estoit
alors reduite à cette extremité, qu'estant mariée enuiron six mois auparauant auec le Prince Palatin fils du Roy de Boheme, qui n'a aucuns biens en France, & n'en pouuoit auoir en son pays d'Allemagne,
tant à cause que les Princes de sa Maison estoient depossedez de leurs
Estats, que par ce qu'il estoit conuerty à la Religion Catholique,
& la Princesse Palatine , n'ayant de son chef que ce qui luy estoit
adiugé par l'Arrest, Il luy estoit absolument necessaire pour auoir
moyen de subsister de feindre l'acceptation de l'Arrest, autrement
par le refus qu'elle en eust encore fait, elle eust eu la priuatió de la succession de son pere pour le tout, & l'exclusion non seulement du se-
iour de Paris , dont elle auoit esté long-temps esloignée ; mais encore de la demeure dans le Royaume. La Royne de Pologne, & la Princesse Palatine sous l'asseurance de leurs protestations, en attendant
le temps de reclamer ouuertement quand les obstacles seroient le-
uez, ont souffert l'execution de l'Arrest, & quitté la possession des
biens de leur pere en France, en laquelle le Duc de Mantouë est en-

tré fur la fin de l'année 1645. & a continué iufques à prefent, n'a rien
payé à la Royne de Pologne, ny à Cantariny fon ceffionnaire, ny du
principal, ny des interefts, n'a point payé de principal à la Princeffe
Palatine, mais feulement des interefts que la neceffité inéuitable de
fubir l'execution de l'Arreft du Confeil, ou n'auoir pas dequoy viure,
l'a contraint de receuoir, comme vne prouifion d'aliments, en la maniere que les Agents du Duc de Mantoüe, l'ont voulu payer, ils ont
entrepris d'abufer de l'Arreft du Confeil, pour diminuer les fommes
adiugées à la Royne de Pologne, & à la Princeffe Palatine, par des
pretendües imputations, ou déductions des meubles, & fruicts des
immeubles pendant qu'elles en ont eu la jouyffance, ce qui les a obli-
gées de fe deffendre des pourfuites du Duc de Mantoüe au Confeil,
pardeuant des Commiffaires deputez, en execution de l'Arreft pardeuant lefquels le Duc de Mantoüe ayant commencé vne inftance
il l'a delaiffée ; mais pour empefcher furprife, la Royne de Pologne,
& la Princeffe Palatine, s'eftans plaintes de cette vexation au Roy, Sa
Majefté feant en fon Confeil, par Arreft du 21. Fevrier 1647. A ordonné, que fans aucune déduction, ny diminution pour raifon de ce qui
a efté receu par elles des biens & reuenus de la fucceffion du feu Duc
de Mantoüe en France, ny autrement, pour quelque caufe que ce
foit, Elles feroient payées des fommes de quinze cens mil liures d'v-
ne part, & douze cens mil liures d'autre, & encore la Royne de Pologne de la fomme de quarante mille liures, à laquelle par autre Arreft
du Confeil a efté eualuée pour elle vne moitié des reuenus de la fucceffion iufques à la fin de 1645. fuiuant vn des articles de fon Contract de mariage; & entre les Agents du Duc de Mantoüe, Maiftre
Iuftinian Priandi, fon Refident en France, s'eftant aduifé pour continuer au Parlement apres le Mariage de la Royne de Pologne, la
pourfuite d'vne inftance par luy commencée auparauant, pour l'e-
xecution d'vn pretendu Contract de donation de fix mil liures de
rente, que par mauuais artifices il auoit fait paffer en l'année 1638. à
la Royne de Pologne, & à la Princeffe Palatine, fous pretexte de re-
compenfe de feruices qu'il dit auoir rendus au feu Duc de Mantoüe,
& dont il fuppofe n'auoir point efté fatisfait, attendu que fi ce Contract à l'encontre duquel il y a Lettres obtenües par la Royne de Pologne, & la Princeffe Palatine fubfiftoit, ce feroit vne debte, ou charge de la fucceffion du feu Duc de Mantoüe, La Royne de Pologne
a intenté contre le Duc de Mantoüe, par Requefte du vingt-feptiefme
d'Avril 1648. vne demande en fommation au Parlement, pour faire
ceffer la pourfuite de Priandi, Tous ces actes ont efté faits en execution du Contract de mariage de la Royne de Pologne, & de l'Arreft
du Confeil, mais en des temps efquels il eftoit abfolument neceffaire

d'agir

d'agir en cette maniere, & impoſſible de faire autrement, d'autant
que ſur la moindre procedure que la Royne de Pologne & la Princeſſe Palatine auroient fait au Parlement, il y auroit eu euocation au
Conſeil en faueur du Duc de Mantouë, lequel ayant pour titre vn
Arreſt du Conſeil en forme contradictoire, & qui paroiſſoit conſenty & accepté par la Royne de Pologne & la Princeſſe Palatine,
toutes les raiſons qu'elles euſſent pû propoſer leur euſſent eſté inutiles : mais leurs proteſtations eſtans non ſeulement contre le contract de mariage, & l'Arreſt du Conſeil ; mais de plus, contre tout
ce qui pourroit enſuiure, ſpecialement contre tous actes qu'elles
pourroient faire elles meſmes qui ſeroient contraires à leurs droicts,
il n'y a aucuns actes de cette qualité qui leur puiſſent prejudicier,
puis qu'elles auoient proteſté à l'encontre, tout ainſi que contre
le contract de mariage & l'Arreſt. Enfin eſt ſuruenuë la Declaration
du Roy au mois d'Octobre 1648. verifiée en Parlement le vingt-qua-
trieſme du meſme mois, de laquelle l'eſtabliſſement eſt d'autant
plus ſolide, & la neceſſité de ſon execution d'autant plus legitime,
qu'elle a eſté faite par le Roy, apres que ſelon l'ordre de ſa Majeſté
il y a eu conferences des principaux de ſon Conſeil auec des Deputez
du Parlement : de ſorte que c'eſt vne Loy concertée *tam à proceribus*
noſtri palatij quam à glorioſiſſimo cœtu veſtro, comme dit le Reſcript des
Empereurs *ad Senatum* en la Loy huictieſme au Code *de legibus*, qui
finit par ces mots, *ſcitote igitur patres conſcripti, non aliter in poſterum*
legem à noſtra clementia promulgandam niſi ſupra dicta forma fuerit ob-
ſeruata, bene enim cognoſcimus, quod cum veſtro conſilio fuerit ordinatum,
id ad beatitudinem noſtri imperij & ad noſtram gloriam redundare, par
laquelle Declaration en l'article quatorze les euocations au
Conſeil ont eſté reduites aux termes des Ordonnances ſeulement,
afin de pouruoir de Iuges aux parties, en cas de parentez & alliances en vn Parlement auquel appartiendroit la connoiſſance de
leurs differends, ou ſur le conflict de Iuriſdiction entre pluſieurs
Cours Souueraines, pour regler laquelle doit demeurer Iuge, mais
nullement pour attirer & retenir les cauſes au fonds dans le Conſeil, ainſi que telles euocations eſtoient frequentes auant cette Declaration, alors la Royne de Pologne & la Princeſſe Palatine ont
reclamé la Iuſtice du Parlement pour y faire iuger l'inſtance dont
il a eſté parlé cy-deſſus par elles intentée en 1638. de laquelle quoy que
commencée dix ans auparauant, le cours ayant eſté empeſché par
ſurſeance enjointe de la part du Roy, il n'y auoit point de pe-
remption, & à cette fin il y a eu requeſte preſentée au Parlement
le huictieſme de Mars 1649. par la Princeſſe Palatine en attendant nouuelles de la Royne de Pologne ſur l'aduis qui luy auoit eſté

donné de la Declaration d'Octobre 1648. Surquoy la poursuite a
esté trauersée par vn Arrest que le Duc de Mantouë a obtenu au
Conseil le 25. de Mars 1649. par lequel il a esté deschargé de l'assignation au Parlement, auec deffences de se pouruoir sur ce ailleurs
qu'au Conseil: En suite est suruenuë la Declaration du Roy du mois
de Mars 1649. verifiée en Parlement le premier d'Auril, confirmatiue
de celle d'Octobre 1648. au moyen desquelles la Royne de Pologne & la Princesse Palatine pour faire iuger leur differend contre
le Duc de Mantouë au Parlement, par la voye d'vne procedure sur
laquelle il n'y eust plus de retour au Conseil, où tout ce qui a esté fait
ne doit estre non plus consideré que s'il n'auoit iamais esté fait, la
Cour debuant estre seule Iuge pour decider les contestations des
parties, ont interjetté & releué appel au Parlement le 20. de Nouembre 1649. des saisies reelles faites des Terres de la succession du feu
Duc de Mantouë à la requeste de ses creanciers non payez de plusieurs arrerages de rentes. Cet appel fondé sur ce que les saisies estans
faites sur le Duc de Mantouë auquel les biens n'appartenoient pas,
elles estoient nulles, comme faites *super non domino*, & par les
lettres de relief d'appel il y a clauses, par lesquelles d'vne part la
Royne de Pologne, & la Princesse Palatine ont reïteré la complainte par elles formée aux fins de maintenüe dans les biens dont est question, & d'autre part elles ont requis estre restablies à l'encontre de
tous les actes par elles faits, que le Duc de Mantouë voudroit faire
passer pour approbatiõs de sa pretention en la succession, ou pour de-
sistement ou delaissement de leurs droicts en icelles, comme estans
iceux actes nuls, faits par crainte & contrainte, selon qu'il appert par
les protestations qui ont esté representées, en laquelle cause d'appel, complainte & lettres, le Duc de Mantouë ayant essayé d'éluder les poursuites par les euasions de la procedure, pour les faire
cesser, la Royne de Pologne & la Princesse Palatine sont interuenües par requeste du 10. de Mars 1651. en vne autre cause pendante au Parlement, entre le Duc de Mantouë appellant des mesmes
saisies, & les Creanciers saisissans intimez, sur laquelle il auoit esté
ordonné par Arrests des deuxiesme & vnziesme d'Auril 1650. que
les parties auroient audiance, laquelle n'estant point poursuiuie ny
par le Duc de Mantouë ny par les Creanciers, l'interuention de la
Royne de Pologne & de la Princesse Palatine auroit esté pour en
aduancer le Iugement, & tout ensemble de leur cause contre le Duc
de Mantouë & les Creanciers, pour la satisfaction desquels elles
ont fait toutes les propositions & offres qui peuuent estre desirées
à l'effect d'accelerer & faciliter le payement des debtes de la succession, le Duc de Mantouë ayant esloigné cette cause comme la

precedente, la Royne de Pologne & la Princeſſe Palatine pour
auoir Iuſtice par autre voye ſe ſont renduës parties interuenantes, par
requeſte du 19. d'Auril 1651. encor en vne autre cauſe pendante
au Parlement, ſur des appellations interjettées par l'Eueſque d'Auxerre, de Sentences des Requeſtes du Palais des 19. Ianuier 1649. &
11. Ianuier 1650. par leſquelles le Duc de Mantouë a eu main-leuée de
la ſaiſie feodale des Terres de Donzy & de S. Vrain tenuës en fief de
la Seigneurie temporelle de l'Eueſché d'Auxerre , & encor de quelques autres Terres que l'on pretend eſtre de la meſme mouuance,
toutes du Domaine du Duché & Pairie de Niuernois & Douzjois, lequel n'appartenât pas au Duc de Mantouë, cette main-leuée n'auroit
pas deub eſtre à ſon profit, mais doit eſtre pour la Royne de Pologne
& la Princeſſe Palatine: leſquelles pour raiſon de ce ſont interuenües
en la cauſe de l'Eueſque d'Auxerre contre le Duc de Mantouë, & par
requeſte du 3. de Iuin 1651. elles ont interjetté appel des Sentences
obtenuës par le Duc de Mantouë contre l'Eueſque d'Auxerre, & demandé qu'au iour qu'ils auroient audiance entr'eux, les parties fuſſent
ouyes ſur les appellations & autres fins & concluſions de la Royne
de Pologne & de la Princeſſe Palatine contre le Duc de Mantouë
auant le iugement de la cauſe de l'Eueſque d'Auxerre. En conſequence dequoy apres diuerſes fuites affectées par le Duc de Mantouë, &
pluſieurs Arreſts de remiſes de la cauſe ſur ſes remonſtrances &
requiſitions, n'ayant pû obtenir d'Arreſt au Conſeil pour empeſcher ou eſloigner la plaidoirie de cette cauſe, il eſt reduit à propoſer les pretextes de ſa pretention au Parlement, & pour vſer des
termes du Declamateur en pareille rencontre, *Tandem poſt multipli-*
ces & deuios exitus cedit actoris conſtantiæ, rei contumacia, & qui per in-
uerſam fori ſeriem res male quæſitas ſinuoſis extra iura ſtuduit am-fractibus
inuoluere, ſtetit in iudicio. En ce qui eſt deduit cy-deſſus conſiſte tout
le differend qui ſe preſente à iuger, auquel la Royne de Pologne & la
Princeſſe Palatine vendiquent la totalité des biens de la ſucceſſion
du feu Duc de Mantoüe leur pere en France, duquel le Duc de Mantouë ſon petit fils ſe dit heritier vniuerſel en vertu d'vn teſtament, ou
que du moins il doit auoir *ab inteſtat* les parts & preciputs appartenans aux aiſnez ſuiuant les Couſtumes ſous leſquelles les biens ſont
ſituez, à quoy eſt oppoſée ſa qualité d'eſtranger en France, à cauſe de
laquelle il ne peut y eſtre heritier teſtamentaire, ny ſucceder *ab*
inteſtat, en eſtant exclus par la Loy d'Aubeine, qui eſt vne Loy fon-
damentale de l'Eſtat, auſſi ancienne que la Loy Salique, l'vne & l'autre d'autant plus dignes de reſpect & d'obeïſſance, que leur principe
eſt plus eſleué dans la profondeur de l'Antiquité, comme l'or le plus
noble des Metaux eſt le plus abſtrus dans le ſeing de la Terre, ces

Loix grauées dans les cœurs des premiers François ont passé à leur posterité durant tant de Siecles, par vne tradition exempte de ce que peut le temps sur les substances les plus materielles,& les moins corruptibles : Cette Loy d'Aubeine conseruée dans les fondemens de la Monarchie se manifeste par les Edicts & Ordonnances de nos Roys concernans les Estrangers, par les Lettres Patentes de naturalité ou de Declaration obtenuës par plusieurs de cette qualité de toutes conditions, par les Arrests de verification au Parlement & en la Chambre des Comptes , & par ceux qui ont esté rendus au Parlement touchant les Testamens & les successions des Estrangers en France; Ce sont les demonstrations , & preuues visibles de la Loy d'Aubeine, & les effects d'icelle, par lesquels on remonte à la cause pour la connoistre, selon qu'il est euident cy-apres par les responses de la Royne de Pologne & la Princesse Palatine aux pretextes par lesquels le Duc de Mantouë a presumé de pouuoir persuader qu'il y aye pour luy exception à cette Loy, laquelle estant notoire & constante , ce qui pourroit estre proposé pour en establir la certitude doit estre reserué pour destruire ce qui est opposé à l'encontre, afin de faire voir aux Estrangers que leurs efforts à combattre la Loy d'Aubeine ne seruent qu'à augmenter sa force pour surmonter leurs entreprises, *sicut ignis flatu, premitur vt crescat* , dit sainct Gregoire le Grand, de la resistance des hommes vertueux aux aduersitez , *& vnde quasi extingui cernitur , inde roboratur* , les dispositions ou regles de cette Loy pour ce qui regarde ce differend , sont que tous Estrangers en France comme est le Duc de Mantouë sont incapables de toute succession directe ou collaterale *ab intestat, Ac etiam factionis testamenti actiua & passiua*, si ce n'est qu'ils ayent eu du Roy Lettres de Naturalité verifiées au Parlement & en la Chambre des Comptes , auparauant les successions escheuës, & pourueu qu'ils soient Regnicoles, & qu'il n'y aye point de François originaires actuellement demeurans dans le Royaume habiles à succeder, & ausquels le droict soit acquis és futures successions auparauant la grace que l'Estranger obtient du Roy par les Lettres de Naturalité, lesquelles sont vne espece de don que le Roy fait à vn Estranger, du droict que sa Majesté auroit de succeder au deffunct s'il n'y auoit point d'heritiers François. Il en est de mesme des Fraçois originaires qui se retirét hors le Royaume, & font translation permanente,&immuable de domicile sans dessein de retour , *perpetua consuetudinis cogitatione & voto* dit Cujas, en des pays qui ne sont point de la Souueraineté & domination du Roy, ils deuiennent Estrangers *facti sunt peregrini* , & n'ayans point obtenu deuant leur partement Lettres Patentes du Roy deuëment verifiées, pour se conseruer les droicts des François à eux acquis par leurs naissances,

Amittunt

Amittunt iura ciuitatis, defquels la faculté de difpofer de leurs biés par Teftament fait partie, felon la Loy premiere au §. *hi quibus de legat.* 3° La Loy premiere C. *de heredibus inftituendis*, & le §. *non tamen* aux Inftitutes *Quibus modis teftam. infirmant.* Ils font & demeurent defcheus de pouuoir faire teftament, ny receuoir des biens en France en vertu de teftamens d'autres perfonnes, & leurs enfans nez & domiciliez dans les mefmes païs, ou autres femblables font eftrangers en France: tels font decedez le feu Duc de Mantoüe, & le Prince de Mantoüe fon fils, pere du Duc qui eft à prefent: de là refulte que le Teftament du feu Duc de Mantoüe, quand il feroit valable, quoy que nul en foy, auroit efté inutile en France, où l'inftitution d'heritier portée par iceluy, au profit du Duc de Mantoüe, n'auroit pû valoir que pour vn legs de la cinquiefme partie des biens du deffunt, lefquels pour la plufpart luy eftoient propres, & font fituez fous des couftumes, efquelles la difpofition des propres par Teftament ne peut eftre que du quint, pour lequel encor ce Teftament n'auroit pû acquerir aucun droiĉt au Duc de Mantoüe, pource que ce n'eft point vne piece authentique en France. Il eft datté du 15. Aouft 1634. fuiui d'vn Codicille datté du dernier May 1637. En Septembre enfuiuant, le deceds eft arriué du feu Duc de Mantoüe, ce Teftament eft le tiltre du Duc de Mantoüe fon petit fils, il s'en fert pour exclure de la fucceffion la Royne de Pologne, & la Princeffe Palatine, filles du Teftateur, & partant fes heritieres legitimes *ab inteftat*, il y a plus de 13. ans qu'elles agiffent en cette qualité, laquelle pour faire ceffer, on fe fert d'vn Teftament & d'vn Codicille faits en Italie, par lefquels le deffunĉt Duc de Mantoüe a legué aux Princeffes fes filles les moindres terres qu'il euft en France, & des rentes fur les receptes du Roy, non point pour le prix courant d'icelles, mais pour les fomes portées par les contraĉts de conftitutions defdites rentes, dont elles ont dautant plus de fujet de fe plaindre, que fi ces difpofitiós inofficieufes auoiêt lieu, elles fe trouueroient moins dottées que des filles de Financiers modernes, au lieu qu'elles doiuét eftre pourueuës comme des Princeffes de Maifon Souueraine; mais il eft inutile d'entrer plus auât dans cette difcuffion, pource que ces Teftament & Codicille font nuls, d'autant qu'ils font fimplement efcrits & fignez de la main du Teftateur, & ne font reueftus d'aucune des formes de tefter, eftablies par le Droiĉt Romain en la Loy *hac confultiffima* au Code *de Teftament.* lequel eftant obferué à Mantouë, quoy qu'en ce differend il foit queftion de biens fituez en France, la forme des Teftamens eftant entierement foumife aux Loix des lieux efquels ils font faits, & l'execution en ce qui eft des biens immeubles eftant reglée felon les Loix des pays de la fituation d'iceux, la nullité de ce Teftament eft euidente & irreparable, encor

qu'il foit d'vn Souuerain, en faueur d'vn autre, n'y ayant point d'exception pour eux au Droict public des Teftamens felon la Loy *ex imper-
fecto C. de Teftament.* Mais quand il feroit parfait, il feroit pour non fait
à l'efgard des biens de France, eftant vn Teftament d'eftranger portant inftitution d'heritier eftranger, la Loy d'Aubeine eft vn obftacle
inuincible, qui empefche que ce tiltre ne puiffe eftre admis de delà
les Monts en France, elle a priué le Teftateur du pouuoir de difpofer,
elle rend l'heritier inconnu dans le Royaume, pour fucceffion non
feulement teftamentaire, mais auffi *ab inteftat,* de forte qu'encor que
le Duc de Mantoüe abandonnaft le Teftament de fon Ayeul, à quoy
il eft contraint, s'il veut pretendre plus que le quint dans les propres,
ne pouuant eftre enfemble legataire du quint , & heritier des quatre
quints, le concours n'eftant pas receu de fes deux caufes lucratiues, il
ne pourroit neantmoins fucceder *ab inteftat,* quoy que petit fils du defunct, n'eftant pas habile à luy fucceder, à caufe que comme eftranger il en eft incapable, par la Loy d'Aubeine, contre laquelle les Princes eftrangers, n'ont pas occafion de reclamer le droict des gens, les
difpofitions entre vifs qui en font prouenuës, demeurent libres aux
Eftrangers en France; Ils peuuent y acquerir, vendre, emprunter,
donner, & faire tous contracts qui ne foient point pour caufe de mort;
Mais les Teftamens & fucceffions font du Droict ciuil & pofitif, les
Souuerains ont pû y impofer telles Loix, qu'ils ont voulu dans leurs
Eftats, & ce feroit côtreuenir au Droict des gens de defirer par vn Souuerain, quoy que ce puiffe eftre d'vn autre, comme chofe qui fuft deuë
entr'eux, au prejudice d'vne Loy d'Eftat, ils peuuent en difpofer fans
le dommage d'autruy par grace, qui eft volontaire, mais d'exiger l'vn
de l'autre, comme droict qui foit acquis entr'eux, exception aux Loix
d'Eftat, c'eft injuftice, les Peuples eftrangers n'ont point non plus de
fujet de fe plaindre de noftre Loy d'Aubeine, & de pretendre qu'elle
aye aboly la reputation de l'Hofpitalité des anciens Gaulois , il n'y a
aucune nation en laquelle il n'y aye exclufion contre les Eftrangers,
ou des honneurs, ou des biens, ou de tous les deux, Tous ceux qui ont
efcrit *de aduenis, & peregrinis* en rapportent les exemples, mais pas vn
n'a remarqué, que de toutes les parties du monde la France eft celle
dans laquelle ceux du dehors font des progrez d'eftabliffemens plus
prompts, & plus aduantageux; ce qui eft caufe que fouuent on y a
veu des Eftrangers pretendre des fucceffions, & en eftre exclus, & par
le moyen des Lettres de naturalité des familles y commencer, & continuër durant vne longue fuitte de pofterité, & ne s'eft iamais veu de
François originaires en d'autres pays, ny mefmes, qu'il foit arriué que
des François y ayent, ny pretendu, ny obtenu aucuns biens par teft-
ment , ou par fucceffion *ab inteftat,* attendu que hors le cas d'vne

succeſſion de Souuerain, comme celle qui a tiré le Duc de Mantouë de France en Italie, il n'y a point de region de terre en laquelle aucun François vouluſt eſtre tranſplanté, la France eſtant vne
Mere feconde, laquelle par fon abondance occupe & employe tous
ceux qu'elle produit, & quelques ferriles & vtiles en honneur ou en
bien que paroiſſent les autres contrées du monde, elles ſemblent
touſiours ſteriles aux François, deſquels il n'y a pas vn ſeul exemple
dans l'Hiſtoire, qu'ils ſe ſoient iamais eſtablis, ny ayent eu aucun ad-
uancement és Eſtats eſtrangers en dignitez, charges, ou emplois, ny
Eccleſiaſtiques, ny militaires, ny politiques, ſi ce n'eſt à la ſuite de nos
Princes, quand ils ont fait des conqueſtes, ou à la ſuite de nos Princeſſes, alors que leurs mariages hors le Royaume les ont fait Roynes,
encor dans les pays où elles ont regné, leurs Officiers n'ont iamais
eſté eſleuez aux Prelatures, ny aux Charges de l'Eſtat, & bien loin d'y
auoir du patrimoine pour paſſer apres eux à leurs deſcendans, qu'ils
n'y ont pas meſme pû auoir des Benefices, les vns pour n'y auoir pas
aſpiré, ou eſſayé, les autres pour y auoir trouué de la repugnance de la
part des Loix du pays, ſi abſoluës que les Souuerains en pluſieurs endroits n'en diſpenſent pas, ſoit qu'ils feignent ne le pouuoir point,
pour diſſimuler ne le pas vouloir, ou que leurs Loix d'Eſtat ne ſoient
ſuſceptibles d'aucune dérogation, ce qui eſt la ſeule prerogatiue que
les Loix d'Eſtat puiſſent auoir au deſſus des autres, partant il y auroit
iniquité en l'emulation, ou indignation que les Eſtrangers auroient
contre nous, pour noſtre Loy d'Aubeine, & il y a d'autant plus d'obligation de rejetter les exceptions nouuelles que le Duc de Mantouë
voudroit y eſtre introduites en ſa faueur, que non ſeulement les François n'ont rien de reciproque chez les Eſtrangers, qui puiſſent faire
quelque retribution à ce que les Eſtrangers peuuent auoir en France,
par le moyen des lettres de Naturalité ſous les conditions d'ïcelles.
Mais de plus, les François ont en leur pays ce qui ne ſe trouue point
dans les autres, & tout ce qui ſe rencontre en iceux. Sur ces conſiderations vn ancien Prelat François & Pariſien d'origine, qui eſt *Pe-*
trus Cellenſis Epiſcopus Arboricenſis, au commencement de ſon Liure premier *de re Gallica*, a eu grande raiſon de dire contre les ialouſies des
Eſtrangers à l'endroit de la France, *Gallia ſua fœlicitate contenta, ita occul-*
luit ad huiuſmodi latratus, aut morſus, vt malit in ſe alios, quàm ſe in eos torqueri
inuidia, ſibi vni ſufficit vna cum æmulorum cupiditati, nihil ſufficere poſſit vt
cuius ſummi Dei beneficio tam ingens ſit, tamque illuſtris gloria, vt neque aliena
laude augeri, neque alieno poſſit obſcurari aut liuore, aut conuicio, contre ces
moyens de la Royne de Pologne & de la Princeſſe Palatine, le Duc
de Mantouë leur oppoſe pour pretenduë fin de non receuoir, l'Arreſt
du Conſeil du 7. Nouembre 1645, precedé du conſentement de la

Royne de Pologne par son contract de mariage, suiuy de celuy de la Princesse Palatine, par l'acceptation de la signification de l'Arrest, à quoy la response est, qu'encor qu'il paroisse en forme d'Arrest contradictoire; neantmoins il est éuident par les circonstances d'iceluy, qu'il n'y a pas lieu de le faire valoir en cette qualité, il porte auoir esté rendu au Conseil en consequence d'euocation à la personne du Roy, dont il ne se trouue ny Lettres Patentes, ny Arrest, ny vestige quelconque, les Lettres du 16. May 1640. lesquelles y sont enoncées, ne sont pas representées par le Duc de Mantouë: Maistre Gabriel Zucconi son Enuoyé, auquel on a dit par l'Arrest qu'elles ont esté enuoyées, ne les auroit pas supprimées, la Royne de Pologne & la Princesse Palatine n'en ont iamais rien veu, ce seroient Lettres de cachet, par lesquelles il est inoüy que les Roys ayent euoqué à leurs personnes, des differends pendans en leurs Parlemens, s'il y auoit eu euocation à la personne du Roy, on n'auroit pas stipulé de la Royne de Pologne, par son contract de mariage vne soumission du different au jugement du Roy, ny vne procuration pour en receuoir la prononciation, ou signification, ou pour passer transaction, telle qu'il seroit ordonné par sa Majesté. Cette diuersité monstre qu'il n'y auoit pas encor alors de voye determinée pour conclure cette affaire, du moins s'il y auoit eu euocation, il en auroit esté fait mention en cét article du contract de mariage, auquel elle auroit esté anterieure, s'il y en auoit eu, ce ne seroit pas la premiere fois, que les Roys auroient euoqué à leurs personnes des differends de cette importance, entre personnes de tres-haute condition, que l'honneur de la parenté du Roy, comme les parties de cette cause rendoit dignes de l'honneur de son jugement, mais il seroit nouueau que le Roy seant en son Conseil, eust iugé vne instance touchant le tiltre d'vne succession contestée entre diuers heritiers, encor moins en vne cause comme celle-cy, en laquelle il sembloit que le Roy eust vn interest fiscal, pour l'exclusion du Duc de Mantouë comme estranger, & pour la preference à la Royne de Pologne & à la Princesse Palatine sur la part du Duc de Mantouë. Quand le Duc de Sauoye & le Marquis de Saluces eurent soubmis leurs differends (dont il a esté parlé cy-dessus en passant) au jugement du Roy Charles V. sur ce que le Marquis de Saluces soustenoit que son fief releuoit du Roy, comme Dauphin de Viennois, & non du Duc de Sauoye; ce Roy surnommé le Sage interessé en la cause, l'a fist plaider en sa presence dans le Parlement, où en suite elle fut iugée apres quelques procedures d'instruction, & l'Arrest prononcé aussi dans le Parlement en presence du Roy Charles VI. son fils & successeur le 11. May 1390. il y eust procez au Parlement en 1584. pour les biens dont il s'agist entre Engilbert de Cleues & Iean d'Albret, à cause de Charlotte de Bourgongne

gongne fa femme, tous anceftres des parties, le Roy Louys X I I. auffi
prudent que genereux, duquel la mere eftoit tante paternelle d'Engilbert de Cleues, prenant la protection de ce Prince fon coufin germain, euoqua le differend à fa perfonne, & le termina par tranfaction, laquelle afin que la chofe fut paffée par ordre de Iuftice, fut
prefentée par les deux parties au Parlement, & à leur requefte, ouy &
confentant le Procureur general du Roy, y fuft homologuée. Cette
conduite Royale de deux Monarques exemplaires en la Couronne,
fait voir en quelle maniere peuuent eftre terminez les differends euo-
quez à la perfonne du Roy, hors l'Arreft dont il s'agift on ne peut
en rapporter aucun, par lequel les Roys en leur Confeil, & autrement que dans le Parlement, ayent iugé des inftances, le Duc de
Mantoue a communiqué vne tranfaction du 2. Auril 1541. paffée entre Dame Françoife d'Alençon Ducheffe de Vendofmois, & Dame
Anne d'Alençon Marquife de Montferrat fa fœur, defquelles les parties de cette caufe font iffuës, par laquelle tranfaction il appert que
fur vn differend entre ces deux Princeffes touchant la legitime d'Ar-
maignac, il y euft Arreft au Parlement le 26. Fevrier 1539. fuiuy d'vne
premiere tranfaction du 13. de Septembre 1540. fur l'execution de laquelle eftans furuenus nouueaux incidens, le Roy François I, en euoqua la cognoiffance à fa perfonne, par Lettres Patentes du premier
Decembre en la mefme année, apres lefquelles a efté faite la feconde
tranfaction, c'eft vn exemple d'euocation à la perfonne du Roy, on
ne reuoque point en doute qu'il ne puiffe y en auoir, celle-cy mon-
ftre que telles euocations fe font par Lettres Patentes, il n'y en a
point au faict de celle dont il s'agift, & celle d'entre les Princeffes d'A-
lençon n'a point efté fuiuie d'Arreft du Confeil, mais d'vne tranfaction, & ainfi ce n'eft pas vne piece pour fouftenir l'Arreft. Il eft fait
mention en iceluy de demandes, deffences, & autres procedures de
conteftation & inftruction d'inftance, defquelles le Duc de Mantoue
ne rapporte pas vne feule, il a communiqué des pieces inutiles, d'autres fans comparaifon bien moins importantes que celles par lefquelles il deuroit iuftifier que l'Arreft rendu à fon profit foit contradictoire, il y a quelque temps que pour pretexte de l'vne de plufieurs
remifes qu'il a demandé de la caufe, fon Aduocat remonftra dans
l'Audience que les pieces iuftificatiues du contenu de l'Arreft auoiet
efté enuoyées à Mantoue & n'en auoient pas efté rapportées, depuis
le mois de Nouembre 1649. qu'il a efté reaffigné au Parlement il y a
plus d'vn an & demy il y auroit eu du temps de refte pour renuoyer
ces pieces fans lefquelles il ne peut pretedre que fon Arreft foit contradictoire, par la lecture duquel on y void vn excez de precaution
pour le rendre plus folemnel en la premiere partie qui regarde la for-

E

me, & en la seconde partie qui est le dispositif, il est euident que c'est
l'effect & la suite du pretendu consentement de la Royne de Pologne
par son côtract de mariage, auquel l'Arrest n'est posterieur que d'enuiron vn mois, auec lequel consentement celuy de la Princesse Palatine estant necessaire, on a fait en sorte que lors de la signification
elle l'a accepté, si c'eust esté vn Arrest contradictoire cette acceptation n'eust pas esté desirée, & si la Princesse Palatine auoit consenty
l'Arrest auant qu'il aye esté rendu, elle n'auroit point acquiescé à ce
qui est ordonné par l'Arrest qu'elle seroit payée de la somme de douze cens mil liures aux termes & en la forme qu'il seroit cy-apres ordonné par le Roy, qui est à dire que le temps & la maniere de son
payement demeureroient soubmis à ce qui en seroit arbitré par ceux
du Conseil qui en auroient le pouuoir de sa Majesté, tellemét que cét
Arrest n'estant fondé que sur ce qu'on pretend qu'il aye esté consenty
auparauant par l'vne des heritieres du feu Duc de Mantoué, & apres
par l'autre, l'Arrest & tout ce qui a esté fait en suite cessent par les raisons qui destruisent le consentement, lesquelles resultent des protestations cy-dessus déduites, qui sont des témoignages secrets par
actes publics reseruez pour estre manifestez en temps & lieu, de la
contradiction interieure à ce qui estoit alors proposé, & qui a esté depuis executé; actes par lesquels il est constant que les consentemens
ont esté destituez de ce qui est essentiel pour les establir, qui est la volonté & liberté des personnes qui paroissent auoir consenty, les causes
qu'elles ont eu de ne point vouloir, & de ne point declarer ne vouloir
point ce qu'elles ont signé, ont esté legitimes pour protester, sont veritables par la notorieté de plusieurs des circonstances d'icelles, ne
sont nullement contraires au respect extréme qui est deub à la Majesté Royale, de laquelle aujourd'huy par accomplissement des protestations la protection est reclamée dans le Parlement, qui est le vray
Trosne de sa Iustice les protestations sont des moyens authorisez non
seulement par l'vsage, mais principalement par le droict, pour vendiquer quand on le peut ce qu'on semble auoir quitté en la Loy *de pu-*
pillo au §. 7. *de noui operis nunciatione*, celuy que la crainte du Magistrat
a retenu de l'empescher de bastir à son prejudice, ayant protesté conserue son action, laquelle venant à intenter apres, ce qui a esté edifié
doit estre démoly, comme s'il y auoit eu empeschement deslors de la
protestation, *si quis ipsi prætori velit opus nouum nunciare, debet vt interim te-*
stetur non posse se nuntiare, & si nunciauit postea, & quod retro ædificatum erit
destruendum erit, quasi repetita die nunciatione facta. En la Loy *Nesennius ff.*
de negot. gest. vne mere qui a protesté de demander le payement de la
pension de son fils à son tuteur, n'en est point excluse par la presom-
ption de droict d'auoir voulu nourrir son fils gratuitement & par affe-

&ction, *Nam & illud quod in matre constitutu est non puto ita perpetuo obseruan-*
dum, quid enim si etiam protestata est se filium ideo alere, vt aut ipsum aut tutores
*eius conueniret,*à mesme fin d'establir la valeur & l'effet des protestatiós
sont expresses les decisions de droict en la Loy *2. de nautico fœnore,*en la
Loy *si quis impediat,*au §. *sed interdum,*& au §. *plerique de Religios. & sumpt.*
funer. en la Loy *si duo,*au §. *cum in quilinus vti possidetis,* sur lesquelles les
Docteurs ont tous d'vn commun suffrage authorisé les protestations
comme vn expedient vnique, legitime & necessaire, pour ceder par
fiction à la contrainte, & retenir en effet la faculté de destruire ce
qu'on fait en apparence. Cujas le plus clair & le plus éclairé de tous
en son Liure premier *Quæstionum Pauli,*expliquant la Loy cy dessus alleguée *Nesennius D. de negotijs gestis,*dit que *protestatio tollit donandi causam,*
declarat animum matris, tollit quæstionem omnem, & au mesme lieu il trans-
crit d'Alciat cette deffinition de la protestation, *est autem protestatio*
animi nostri declaratio, iuris acquirendi vel conseruandi vel damni depellendi
causa facta,nam male contestationem quidam definierunt clamosam testationem,
quæ ob testantis ipsius cautionem inuenta sit ,cum etiam citra clamorem , & in
occulto fieri possit coram testibus, vel scriptura quæ non nisi improprie clamare
dicitur. telles, mais plus solemnelles sont les protestations dont il s'a-
gist, faites en secret, mais par escrit, & attestées de personnes publiques, qui sont les Notaires, celle de la Royne de Pologne ne peut
estre eludée parce qu'on pretend dire qu'elle est contre le tiltre de
son establissement, qui est son contract de mariage, par lequel elle
auroit, dit on, esté indemnisée du delaissement de ses droicts en la
succession du feu Duc de Mantouë son père, au moyen du don que le
Roy luy a fait de la somme de 600000. liures , laquelle jointe à celle
de 1500000. liures sur le bien de sa maison, luy a fait vne dot excedante
celle des Roynes dottées en deniers depuis plusieurs siecles, ses paroles en sa protestation, dont lecture a esté faite, iustifient assez que
son intention a esté de se conseruer auec son contract de mariage le
droict de demeurer heritiere de son pere, plustost que d'estre dottée
par son nepueu, le Roy n'a pas voulu la reduire à ce changement par
le don de 600000. liures, qui a esté fait purement de la liberalité du
Roy enuers vne Princesse issuë d'vne sœur du bisayeul de sa Majesté,
& nullement pour acquerir au Duc de Mantouë la plus valuë des
droicts de la Royne de Pologne au dessus des 1500000. liures la clause du don des 600000. liures par le contract de mariage resiste formel-
lemét à cette pretention, c'est vne partie de la recognoissance insigne
que la Royne de Pologne rend de ce bien fait à la magnificéce du Roy,
& à la bien-veillácé de la Royne Regente, que d'empescher le Duc de
Mantouë de presumer que ce soit en sa faueur que cette addition auroit esté faite à la dot de la Royne de Pologne, à laquelle ny à Canta-

riny son cessionnaire le Duc de Mantouë n'ayant rien payé de cette
dot, ny en principal, ny en interests, elle n'aura rien à rendre pour
rentrer en la possession des biens que le Duc de Mantouë détient à
son prejudice, desquels la valeur au dessus de ce qui a esté stipulé en
dot pour elle sur iceux, ayant esté cause de ce qu'elle a plus eu en mariage que d'autres Princesses qui n'estoient pas heritieres de leurs
Maisons, la grandeur de sa dot ne peut diminuër ses droicts en la succession de son pere, il y a pour les Souuerains autant au moins que
pour les familles particulieres, quelque interest d'honneur d'auoir
plustost auec la qualité d'heritiers les biens des peres en essence, que
d'en receuoir vne portion en deniers, tant plus est important le patrimoine qu'on a quitté, plus iuste & fauorable est la protestation par laquelle il appert que le delaissement n'en a esté que simulé; celles que
la Royne de Pologne & la Princesse Palatine ont fait pour la succession de leur pere, sont par imitation de l'exemple domestique de Iean
de Bourgongne Comte de Neuers, leur sixiesme Ayeul, nonobstant
le support qu'il auoit du Roy Louys XI. pource qu'il auoit tousiours
esté fidele à son seruice, ayant esté contraint par Philippes surnommé
le Bon, Duc de Bourgongne son cousin germain, par menaces de
mort violente, de renoncer aux droicts qu'il auoit par la succession de
Philippes le Hardy Duc de Bourgongne son Ayeul, és Duché de Brabant, Comté d'Auxerre, & autres terres, par transaction du 22. Mars
1645. il fit vne protestation à l'encontre le mesme iour, au moyen de
laquelle il obtint des Lettres en suite au Parlement, & sur icelles l'instance ayant esté trauersée par le Duc de Bourgongne, & estant demeurée indecise, les pretentions en sont hereditaires en la posterité
du Comte de Neuers, en telle sorte que le feu Duc de Mantouë en a
fait mention entre ses biens esquels par son testament le Duc de
Mantouë son petit fils est institué heritier vniuersel, ainsi ce n'est pas
chose nouuelle qu'vne protestation entre des Princes, specialement
en la Maison de Neuers, celles dont il s'agist, quoy que tendantes à
empescher l'effet de quelques articles d'vn Arrest du Conseil d'Estat,
ne sont point improuuées par le Roy, & en ce que le Duc de Mantouë
n'a point obtenu d'Arrest du Conseil pour y traduire encor le differend, il paroist que la poursuite de la Royne de Pologne & de la Princesse Palatine au Parlement est authorisée par le Roy, en l'vne des manieres par lesquelles les Roys font connoistre leurs volontez, par vn
silence majestueux, mais eloquent, duquel vn ancien Politique a dit,

Vox regum vt numinum sæpe auditur ex silentio, loquuntur dum tacent, agitur,
non prohibent, petitur, non abnuunt, pars obsequij si licitum quod à scientibus non
prohibetur, si concessum quod à rogatis non abnuitur, habueris. Mais quand les
protestations de la Royne de Pologne & de la Princesse Palatine ne
seroient

feroient pas affiftées de tant de confiderations, quand elles n'auroient point du tout protefté comme elles ont fait, tant contre ce qui eftoit alors prefent, que côtre ce qui auroit pû eftre à l'aduenir au prejudice de leurs interefts, ils auroient efté côferuez par le moyen de ce que ce qui auroit efté confenty par elles auroit efté contraire à vne Loy d'Eftat, à laquelle elles n'auroient pû déroger, eftant vn droict public, auquel les côuentions & difpofitions particulieres ne peuuét contreuenir auec effet, les Loix y appofent vne contradiction perpetuelle. Ce font les decifions de la Loy 42. *de oper. libert.* de la Loy 1. au §. *inde de notri oper. nunciat.* de la Loy 13. C. *de Teftam.* Apres les refponfes à la pretenduë fin de non receuoir objectée par le Duc de Mantouë, il eft d'autant plus neceffaire & facile de refpondre par preuention à fes moyés au fonds, Qu'en les deftruifant, les droicts de la Royne de Pologne & de la Princeffe Palatine font plus folidement eftablis, & cette derniere partie de la caufe, laquelle eft entierement conforme au Droict François, confifte en deux poincts, aufquels fe reduifent les pretextes de la pretention du Duc de Mantouë : defquels le premier eft qu'il pretend que les Princes Souuerains font exempts de la Loy d'Aubeine en France, & qu'en cette exception il doit y auoir prerogatiue fpeciale pour le feu Duc de Mantouë, lequel on voudroit faire croire auoir paffé en Italie pour les interefts de la France. Contre cette propofition, la Royne de Pologne & la Princeffe Palatine eftabliffent la negatiue fur la theze generale, par raifons, exemples, & l'authorité d'vn Arreft, & fur le particulier par le propre tefmoignage du feu Duc de Mantouë : les raifons font, que c'eft vn principe tres-certain autant en la Moralle & en la Politique, qu'en la Phyfique, que les qualitez qui font en l'effect font autant ou plus en la caufe, & doiuent neceffairement y eftre, pource qu'elles prouiennent de la caufe en l'effect; Or les peuples, ou les particuliers qui ne font point fubjets du Roy, font Eftrangers en France, parce qu'ils font fous l'obeyffance d'autres Souuerains que le Roy, ce qui fait que les Flamans, Brabantins, & autres des Pays-bas, & ceux du Comté de Bourgongne, *licet fint de regno tamen quia non obediunt Regi,* eftoient fubjets à la Loy d'Aubeine auant les Traitez de Madrid, Cambray, & Chafteau Cambrefis, au moyen defquels l'Aubeine a ceffé entre la France les Pays-bas & le Comté durant la Paix. Les Milanois qui eftoient nez durant que le Roy Louys XII. poffedoit le Duché de Milan, ont eu en France les droicts des François originaires, & ceux du mefme pays nez depuis qu'il a efté occupé par d'autres Souuerains que le Roy, encor que ce foit fon domaine par fucceffion de Valentine Ducheffe de Milan, s'ils n'ont Lettres de Declaration deuëment verifiées, & s'ils ne font Regnicoles font en pareille condition que les autres Eftrangers. Le Roy

F

François I. comme heritier de Louyse de Sauoye sa mere, fille de Philippes Duc de Sauoye, & sœur du Duc Philbert mort sans enfans, ayãs
possedé la Sauoye depuis l'an 1536. & le Roy Henry II. ayant continué
cette possession iusques en l'an 1559. que par Traité du 5. d'Auril il l'a
remist en faueur du mariage de Marguerite de France sa sœur auec
Philbert Emanuel par ce moyen Duc de Sauoye, par Lettres Patentes
du 5. de Feurier 1566. verifiées en Parlement le 21. de May. Les Sauoyards venus en France durant que le Roy estoit obeï en Sauoye, &
lesquels estoient demeurez dans le Royaume, y ont eu mesmes
droicts que les François. Le Royaume d'Escosse ayant appartenu au
Roy François II. par son mariage auec la Royne Marie Stuart en Auril
1558. & par Lettres Patentes du Roy Henry II. y ayant eu concession
aux Escossois de tous droicts de François & Regnicoles, elles ont esté
verifiées en la Cour par Arrest du 11. Iuillet 1558. pour auoir lieu tant
que le Royaume d'Escosse seroit en l'obeïssance du Roy, de sorte que
depuis le 25. de Septembre 1560. que le Roy François II. est decedé,
les Escossois ont esté comme auparauant estrangers en France. La Loy
d'Aubeine a exclus les Estrangers de successions dans le Royaume,
pour empescher, tant la translation du bien en d'autres païs, ou par la
recepte du reuenu ou par la vente du fonds dont on emporteroit le
prix, que les factions estrangeres contre le repos & au dommage de
l'Estat. Auquel sans proportiõ il arriueroit en ces deux manieres plus
de prejudice des Souuerains que des particuliers, les Souuerains ayãs
plus de bien & plus de pouuoir, d'autres interests & d'autres desseins,
ou pour eux, ou pour leurs nations. Il est constant qu'ils seroient soubmis en France par la possession des biens aux Loix municipales sous
les conditions desquelles on les possede, & desquelles le domaine
mesmes du Roy n'est pas exempt, ce sont Loix susceptibles de changement, les reformations de nos Coustumes le font cognoistre, Loix
restraintes en l'estenduë du destroit de chacune d'icelles, desquelles
n'y ayant pas d'exception pour les Souuerains, beaucoup moins peut-
il y en auoir de l'Aubeine, Loy d'Estat generale dans le Royaume,
de l'origine & qualité de celles qu'il n'est non plus loisible d'é-
branler que les fondemens de la Monarchie, & n'y a iamais eu
d'Ordonnance, Edict, ny Declaration du Roy qui en aye excepté
les Souuerains, si sans vn priuilege acquis par cette voye, ils
ne peuuent estre exemptez de la rigueur de perdre les fruicts des
fiefs enuers les Seigneurs dominans faute de foy & hommage en
personne, qui est ce que l'Euesque d'Auxerre soustient en sa cause
contre le Duc de Mantouë, peut-il presumer d'obtenir par Arrest
exemption d'vne Loy d'Estat : Ceux qui voudroient persuader que
ce fust aduantage pour la France d'y auoir des Souuerains qui se-

roient vassaux du Roy, deuroient faire cette reflexion, qu'ils seroient vassaux pour des Terres subiectes, & qu'ils ne le seroient pas pour des Souuerainetez, comme le Duc de Mantoüe est vassal de l'Empire pour les Duchez de Mantoüe & de Montferrat, dans lesquels il est Souuerain *Quo ad subditos* mais il fait la foy & hommage à l'Empereur, pour ces deux Duchez qui estoient jadis des Marquisats d'Italie, & furent erigez en Duchez par l'Empereur, celuy de Mantoüe pour Federic de Gonzagues ayeul du feu Duc de Mantoüe, & celuy de Montferrat pour Guillaume de Gonzagues oncle du feu Duc de Mantoüe : ce sont deux grands Duchez desquels le reuenu d'vn an excedant tout ce que pourroit valoir en fonds tout le bien que le Duc de Mantoüe auroit en France s'il auoit payé les sommes immenses dont il est redeuable, il seroit estrangement des-interessé dans le zele qu'on voudroit faire croire qu'il aye pour la France, apres la double alliance contractée depuis peu, tant par luy que par sa sœur, par leurs mariages en la maison d'Austriche, s'il auoit plus d'inclination & d'engagement vers la France pour des terres subjectes, que vers l'Empire, & encor à present qu'il est frere de l'Imperatrice. Quelle vtilité la France peut-elle esperer d'vn Duc de Mantoüe pour l'acquerir à vn si haut prix que seroit la derogation à vne Loy d'Estat, sans le secours du feu Roy par tout victorieux, ou en conquestes sur ses ennemis ou en assistances à ses alliez, le feu Duc de Mantoüe auroit esté opprimé par ceux qui auoient conspiré pour l'inuasion de ses Estats. Cette tant renommée citadelle de Cazal seroit il y a long temps en la possession du Roy d'Espagne, si elle n'estoit en la protection du Roy, puisque la France l'a conserué au Duc de Mantoüe, Peut-il y auoir raison pour laquelle la France soit reduite à contreuenir à vne Loy d'Estat pour s'asseurer que le Duc de Mantoüe n'abuse point de cette place contre la France. Si la Loy d'Aubeine auoit receu atteinte pour luy, aucun pretexte ne seroit assez specieux pour la faire valoir contre les Roys qui sont en degré de Souueraineté tout autrement esleuée ne tenans que de Dieu seul leurs Couronnes. Les suittes & les restes de l'hommage que rendist autrefois le Roy d'Angleterre pour le Duché de Guyenne, dont les monumens sensibles n'ont peu estre abolis par le temps, ont fait cognoistre par experience qui est la plus efficace des raisons, qu'il importe pour la France que les Seigneurs des Terres du Royaume ne soient pas des Princes Souuerains. Tant s'en faut que pour estre côfederez auec la France ils ne soient point estrangers, qu'au contraire ils le sont d'autant plus, que s'ils ne l'estoient pas il n'y auroit point de confederation ny alliance d'Estat auec eux. C'est ce qui est designé dans le Poëte, par la deuise de l'embleme de deux lauriers liez d'vne feuille de Palme, qui ne feroient pas enfemble s'ils n'eftoient attachez *feparant quos fœderæ iungunt*. Les exemples par lefquels il paroift que les Princes fouuerains ne font nullement exempts de la Loy d'Aubeine en France, fe voyent par les Lettres Patentes que plufieurs Princes fouuerains, à tous lefquels les parties de cette caufe touchent de parenté, ont obtenu & faict verifier, pour poffeder les biens qu'ils auoient en France par le moyen de leurs mariages pour la dot de leurs femmes, & pour rendre leurs enfans eftrangers habiles à y fucceder, auec la faculté d'en difpofer par Teftament ou autrement, par toutes lefquelles Lettres les impetrans ont recogneu la neceffité d'icelles, eftans en termes pofitifs autant en la requifition qu'en la conceffion, fans claufe entant que befoin feroit ou autre femblable. En la deduction fommaire defquelles Lettres comme de Tiltres en cette occafion le vray ordre eft celuy des temps. En Mars 1506. il y a eu Lettres Patentes du Roy Louys douziefme, verifiées en la Chambre des Comptes le quatriefme de May 1507. pour René fecond du nom Duc de Lorraine & de Bar, & Claude de Lorraine fon fils, duquel & d'Anthoinette de Bourbon fon efpoufe eft venüe la Maifon de Guife: En Iuillet 1519. il y a eu pareilles Lettres du Roy François premier verifiées en la Chambre des Comptes le fixiefme d'Aouft enfuiuant, pour Laurens de Medicis Duc d'Vrbin, & Catherine de Medicis fille de luy & de Magdelaine de la Tour fon efpoufe, laquelle eftoit fille de Iean de la Tour Comte de Boulongne & d'Auuergne, & de Ieanne de Bourbon: & en Decembre 1533. il y a eu des fecondes Lettres auffi du Roy François premier verifiées en la Chambre des Comptes le deuxiefme de Ianuier enfuiuant, pour Catherine de Medicis, de laquelle le 27. d'Octobre precedent, le mariage qui a donné trois Roys à la France auoit efté contracté auec le Roy Henry fecond alors Duc d'Orleans fecond fils du Roy François premier, & fecond heritier prefumptif de la Couronne, en laquelle il luy fucceda, par le predecez de François Dauphin fon frere aifné: en Septembre 1539. il y a eu Lettres Patentes du Roy François premier verifiées en la Chambre des Comptes le neufiefme des mefmes mois & an, pour Frederic premier Duc de Mantoüe & Marguerite Paleologue fon efpoufe, defcendüe d'Andronic Paleologue furnommé le vieil, Empereur de Conftantinople, laquelle eftoit fille d'Anne d'Alençon de laquelle il a efté parlé cy-deuant, lefquelles lettres ont auffi efté pour François, Guillaume, & Yfabelle enfans des impetrans: en Octobre 1539. autres Lettres du Roy François premier verifiées en la Chambre des Comptes le vingt-neufiefme des mefmes mois & an, pour Antoine Duc de Lorraine mary de Renée de Bourbon, François & Anne de Lorraine leurs enfans: en 1540. autres Lettres du Roy François premier verifiées

fiées en la Chambre des Comptes le dernier Iuin 1541. pour Guillau-
me Duc de Iulliers de Gueldres & de Cleues, duquel le mariage estoit
accordé auec Ieanne Princesse de Nauarre, fille de Henry d'Albret
Roy de Nauarre & de Marguerite de Valois sœur du Roy François I.
laquelle au lieu de ce Prince estranger espousa Antoine de Bourbon
Duc de Vendosme depuis Roy de Nauarre, pere du Roy Henry le
Grand. Alors que le Roy Henry III. fut esleu Roy de Pologne le 9. de
May 1573. il estoit fils de France, Duc d'Anjou, premier frere du Roy
Charles IX. son Successeur à la Couronne, & General de ses Armées,
il estoit entre les Souuerains du supreme degré, puis qu'il estoit Roy,
& ce par vne élection glorieuse à la France, laquelle auoit aduantage
& interest de voir regner en Pologne le frere de son Roy, s'il pouuoit
y auoir pretexte specieux d'exemption à la Loy d'Aubeine, c'estoit en
cette occasion en laquelle il y auoit beaucoup de faueur nulle consequence & point d'enuie; neantmoins apres vn acte du 22. d'Aoust
1573. qui fut signé du Roy Charles IX. du Roy de Pologne, & de François fils de France Duc d'Alençon, freres du Roy, signé aussi du Roy
de Nauarre lors premier Prince du Sang, qui a depuis esté le Roy
Henry le Grand, & de tous les autres Princes du Sang, & des quatre
Secretaires d'Estat, par lequel le Roy declara que sa volonté estoit
que le Roy de Pologne par sa retraite & establissement en pays
estranger, ny ses enfans pour y auoir pris naissance, ne seroient point
exclus de la succession de la Couronne, ny des autres droicts des François, il y eut en suite des Lettres Patentes du mesme Roy Charles IX.
le 10. de Septembre 1573. verifiées en Parlement le Roy y seant le 17.
du mesme mois, pour conseruer au Roy de Pologne les droicts de son
extraction en France, nonobstant sa translation en tiltre de Roy dans
vn autre Royaume, où il ne s'achemina qu'apres cette precaution, laquelle le Roy tenant son lict de Iustice dans le Parlement ayant iugé
necessaire pour son frere qui estoit Roy ; c'est vn discours qui n'est
point François, de pretendre que le Duc de Mantouë sorty de France
sans Lettres Patentes du Roy, pour continuer d'estre François, estant
Duc Souuerain en Italie, n'ayant pas seulement eu vn Breuet du Roy
pour cét effet, ny passé vn simple acte pardeuant Notaires ou autre
personne publique pour marque de son intention, quoy que hors les
Lettres Patentes verifiées le reste luy auroit esté inutile, soit exempt
de l'Aubeine en France, n'en ayant point preuenu l'effet auant son
partement hors le Royaume. Mais pour acheuer les exemples de la recognoissance de nostre Loy d'Aubeine par les Souuerains, apres auoir
remarqué que dans l'acte & les Lettres Patentes cy-dessus rapportées
du Roy Charles IX. pour le Roy de Pologne son frere, le Duc d'A-
lençon son autre frere a esté compris aux mesmes fins, ayant alors

G

pour mariage ou pour conqueſte des deſſeins en pays eſtrangers, il
ſe void és temps ſuiuans qu'en Septembre 1596. il y a eu Lettres Patentes du Roy Henry le Grand, vérifiées en la Chambre des Comptes
le 16. de May 1597. pour Vincent I. du nom Duc de Mantouë & de
Montferrat, François, Ferdinand, & Vincent ſes enfans, qui ont tous
trois eſté Ducs ſucceſſiuement apres leur pere, & deſquels l'vn eſtoit
Ayeul, & les deux autres oncles maternels du Duc de Mantouë partie
en cette cauſe. En Iuillet 1634. le feu Duc de Mantouë a obtenu du feu
Roy d'auguſte memoire, des Lettres Patentes, par leſquelles il fait
cette expoſition luy-meſme, que le Prince ſon petit fils, qui eſt maintenant le Duc, & auſſi la Princeſſe ſa petite fille, qui eſt aujourd'huy
l'Imperatrice, *eſtans nez hors noſtre Royaume pourroient cy-apres eſtre eſti-*
mez eſtrangers, & par conſequent incapables de recueillir les biens qui leur pour-
roient écheoir en iceluy, ſoit de la ſucceſſion de noſtredit Couſin le Duc de Mantouë
leur Ayeul, ou autres leurs parens, s'il ne leur eſtoit ſur ce pourueu de nos Lettres
neceſſaires, il eſt monſtré cy-apres en ſon lieu, que celles deſquelles
cette clauſe eſt extraite ne peuuent eſtre vtiles au Duc de Mantouë.
Vn autre exemple de ce que les Souuerains ne ſont pas exempts de la
Loy d'Aubeine en France, ſe trouue dans le contract de mariage de
la Royne de Pologne, par lequel en trois articles il a eſté accordé par
le Roy, que les droicts de François originaires & Regnicoles, tant pour
ſucceder qu'autrement, demeureroient en leur entier à la Royne de
Pologne à ſes enfans & à leurs deſcendans, comme auſſi aux perſonnes qui eſtoient ou ſeroient employées à ſon ſeruice, & à leurs enfans
nez & à naiſtre, leſquelles ſtipulations par ce contract monſtrent que
ſans cette preuention la Royne de Pologne & les François de ſa ſuite
ſeroient deuenus abſolument eſtrangers pour les teſtamens & les ſucceſſions; & afin que cette exception de l'Aubeine fuſt eſtablie ſelon
les regles d'icelle, il eſt porté par le penultieſme article du meſme contract qu'il ſeroit omologué au Parlement & en la Chambre des Comptes à la diligence des Procureurs generaux du Roy, & qu'à cette fin
ſeroient expediées toutes Lettres ou Commiſſions qui pourroient
eſtre neceſſaires, ce que la Royne de Pologne n'a pas pourſuiuy,
tant parce que le Roy pour rendre ſa grace toute Royale a voulu
que ce fuſt à la diligence de ſes Procureurs generaux, au moyen
dequoy le retardement n'auroit pû eſtre d'aucun prejudice, qu'attendu que le deſſein de la Royne de Pologne ſuiuant ſa proteſtation eſtant de reprendre ſa pourſuite au Parlement pour rentrer
és biens du feu Duc de Mantouë ſon pere, l'inſtance qu'elle euſt
fait vers le Roy, & qu'elle a touſiours propoſé de faire apres
auoir obtenu l'Arreſt qu'elle eſpere ſur ce differend, pour l'enregi-
ſtrement de ſon contract de mariage au Parlement, auroit acquis au

Duc de Mantouë vn nouueau pretexte en sa pretenduë fin de non receuoir. Et pour finir ce poinct des exemples des Souuerains qui ont
reconnu que ce tiltre ne les exemptoit pas de l'Aubeine en France, le
dernier exemple est au Duc de Mantouë, pour lequel quelque faueur ou facilité qu'il y ait eu en l'Arrest du 7. de Nouembre 1645.
on a eu soin pour y garder au moins en la forme quelque chose de ce
qui concerne l'Aubeine, d'y mettre ce dernier chef, *& seront toutes Let-*
tres Patentes expediées audit sieur Duc de Mantouë pour estre verifiées en la Cour
de Parlement & Chambre des Comptes de Paris. En consequence dequoy
le Duc de Mantouë a obtenu du Roy au mois de Ianuier 1646. des
Lettres Patentes verifiées au Parlement le 23. de Feurier ensuiuant,
par lesquelles le Duc de Mantouë estât excepté de la Loy d'Aubeine,
non point comme Souuerain, mais sur des considerations particulieres qu'il est monstré cy-apres ne pouuoir produire cét effet, il est certain que l'exception faite par ces Lettres confirme la regle generale
que les Souuerains ne sont point exempts de la Loy d'Aubeine en
France. Auec ces exemples ne sont pas mis en mesme rang ceux
des Princes non Souuerains, pour lesquels il y a eu des Lettres Patentes verifiées, quoy que ce soient encor autant de demonstrations de
la Loy d'Aubeine, & de recognoissances d'icelle dans les Maisons des
Princes estrágers en Italie & en Allemagne, auec lesquelles les parties
de cette cause ont parenté ou alliance, comme sont selon le mesme
ordre des dattes, les Lettres Patentes du Roy Charles VIII. pour Engilbert de Cleues du mois de May 1486. verifiées en la Chambre des
Comptes le 13. de Iuin ensuiuant, celles du Roy Henry II. pour Charles & Sebastien de Luxembourg freres, & Philippes de Luxembourg
leur sœur, du mois de Iuin 1547. verifiées en la Chambre des Comptes
le 5. de Iuillet ensuiuant, celles du mesme Roy Henry II. pour Ludouic de Gonzagues Prince de Mantouë depuis Duc de Neuers, Ayeul
paternel de la Royne de Pologne & de la Princesse Palatine sa sœur,
& bisayeul du Duc de Mantouë, lesquelles Lettres estoient aussi pour
Frederic de Gonzagues depuis Cardinal de Mantouë frere de Ludouic, du mois de Septembre 1550. verifiées en la Chambre des Comptes le 15. de Nouembre ensuiuant, celles du Roy Henry le Grand
pour François Charles & Laurens de Medicis freres, enfans de Ferdinand grand Duc de Toscane, du mois de Nouembre 1609. verifiées
en Parlement le 17. de Feurier 1610. Apres tous lesquels exemples tant
des Princes Souuerains que de leurs enfans, celuy qu'on souhaite de
l'euenement de cette cause sera d'autant plus celebre & memorable,
que ce sera le iugement de la question par Arrest, en attendant lequel
on en peut dire ce mot de Tacite, *Quod exemplis tuemur inter exempla erit.*
Cét Arrest au milieu de nostre siecle renouuellera la Iurisprudence

XXVIII

eſtablie par vn autre rendu au commencement en cette Audience le 15. de May 1601. pour les biens ſituez en France de la ſucceſſion d'Alphonſe d'Eſt ſecond du nom Duc de Ferrare, decedé ſans enfans ; il eſtoit fils aiſné d'Hercules d'Eſt ſecond du nom Duc de Ferrare, & de Renée de France fille du Roy Louys XII. & de la Royne Anne de Bretagne, & ſœur de la Royne Claude de France eſpouſe du Roy François I. lequel par le traitté de mariage de ſa belle ſœur en 1527. luy ayant promis en dot & pour droicts ſucceſſifs deux cens cinquante mil eſcus, en attendant les payemens & pour aſſeurance d'iceux les Duché de Chartres, Comté de Giſors, & Chaſtellenie de Montargis furent delaiſſez aux Duc & Ducheſſe de Ferrare par engagement, ſur lequel il y euſt pour eux & leur poſterité Lettres Patentes du 25. Iuillet 1528. verifiées en Parlement le 30. du meſme mois, & de ce mariage ſont iſſus trois enfans, Alphonſe II. Duc de Ferrare, Louys Cardinal d'Eſt Archeueſque d'Auch, Anne en premieres nopces eſpouſe de François de Lorraine Duc de Guiſe, & en ſecondes de Iacques de Sauoye Duc de Nemours, l'aiſné a eu entre autres biens de la maiſon l'engagement des terres de France, il eſt decedé en 1597. apres auoir inſtitué par teſtament de 1595. ſon heritier vniuerſel Ceſar d'Eſt Duc de Modene, & de Rhege ſon couſin germain, qui eſtoit auſſi heritier du Cardinal d'Eſt par teſtament de 1585. le Duc de Modene pretendoit auoir l'engagement des Duché de Chartres, Comté de Giſors, & Chaſtellenie de Montargis par ſucceſſion teſtamentaire la Ducheſſe de Nemours les vendiquoit par ſucceſſion *ab inteſtat*, ſouſtenant que le Duc de Modene eſtant Prince eſtranger non naturaliſé en France, & non Regnicole, il eſtoit incapable de toute ſucceſſion dans le Royaume, il inſiſtoit au contraire entre autres moyens ſur ſa qualité de Prince Souuerain, laquelle luy ayant eſté conteſtée, mais eſtablie & tenuë pour conſtante, il a eſté iugé par l'Arreſt, Que pour les Souuerains non plus que pour les autres Princes il n'y auoit point d'exception à la Loy d'Aubeine, le Duc de Modene a eſté debouté, & la ſucceſſion du Duc de Ferrare en France adjugée à la Ducheſſe de Nemours, en laquelle ſucceſſion eſt demeuré compris l'engagement des Vicomtez de Caën, Bayeux & Falaiſe, que le Roy François I. auoit engagé en 1528. pour quatre-vingts vnze mil trois cens cinquante trois eſcus à luy preſtez par Alphonſe I. Duc de Ferrare, pere d'Hercules II. deſquels le Duc de Modene eſtoit auſſi heritier par teſtamens de 1533. & 1558. & il pretendoit que l'engagement n'empeſchoit pas que la cauſe pour laquelle il eſtoit fait ne fuſt vne debte active mobiliaire, laquelle ſuiuoit le domicile des creanciers en Italie, où on ne reuoquoit point en doute que leurs teſtamens ne fuſſent valables, neantmoins la Loy d'Aubeine a eſté vn
motif

motif de faire paſſer cette debte pour vn droiᶜt réel, & d'en exclure le
Duc de Modene cóme des deniers dotaux de la Ducheſſe de Ferrare,
à l'eſgard deſquels pour y auoir auſſi engagement, ce ne laiſſoit pas
d'eſtre vne debte mobiliaire. Tels ayans eſté les effeᶜts de la Loy d'Aubeine par cétArreſt cótre vnPrinceSouuerain en Italie, il y a lieu à cette concluſion contre le Duc de Mantouë, *Dicta tibi lex nos tamen inſe-
queris nos lite moraris iniqua.* Quant à ce qu'il pretend que ſon Ayeul aye
paſſé en Italie pour les intereſts de la France, & que pour iceux il y ait
eſté troublé de guerre eſtrangere par les ennemis de la France, quoy
qu'en ayent peu eſcrire les Hiſtoriens de l'vne & de l'autre langue,
ou pour auoir mal ſceu ce qui eſtoit arriué ou pour n'en auoir pas
bien iugé, l'ayeul du Duc de Mantouë eſt vn teſmoin contre luy ſans
reproche, il a depoſé en ſa propre cauſe par l'expoſition qu'il a fait
és Lettres Patentes de 1634. deſquelles il a eſté parlé cy-deſſus, il
n'y a rien allegué ny de ſemblable ny d'approchant, il auoit trop de
courage pour l'oublier s'il euſt eſté vray, trop de probité pour le
dire s'il en eſtoit autrement, la ſucceſſion de deux Eſtats Souuerains
bien auenante à vn Prince deſcendu des Souuerains du meſme pays,
& lequel par eſtime du titre de Souuerain auoit fondé & fait baſtir
vne ville de ſon nom en ſa ſouueraineté d'Arches, a tiré ce Prince
de France en Italie, ſur luy ont eſté attirez par deſir d'vſurper ſes
Eſtats, les ennemis de ſa poſſeſſion, qui ſont deuenus ceux de la France, parce qu'elle s'eſt armée pour ſon ſecours, parce que le Roy
auoit pris en ſa proteᶜtion le feu Duc de Mantouë & ſes Eſtats, ſelon
qu'il eſt declaré par ſes Lettres Patentes de 1634. comme Prince allié & confederé, c'eſt vne qualité qui luy eſtoit commune en France
auec les autres Souuerains qui n'en ſont pas moins eſtrangers. Les
Lettres Patentes qu'a obtenu le Duc de Mantouë en 1646. pour ſup-
plément ou addition à celles de 1634. ne diſent point non plus que
pour les intereſts de la France le feu Duc de Mantouë aye tranſ-
feré ſon eſtabliſſement en Italie, s'il ne ſe rend pas au teſmoignage
de ſon ayeul, il doit au ſien propre vn acquieſcement ineuitable.
Son ſecond moyen eſt qu'il pretend que ſon pere & ſon ayeul ayans
eſté François de naiſſance, il ſoit aux termes des Arreſts du Parlement qui ont adjugé les ſucceſſions des peres François originaires
decedez hors le Royaume aux enfans nez dans les pays eſtrangers,
deſquels Arreſts il dit auoir dautant plus de droiᶜt de ſe preualoir,
que d'vne part en l'article 72. de la Couſtume de Vitry, ſoús laquelle
eſt le Duché de Rethelois, l'vne des terres dont eſt queſtion l'Aubaine n'a point de lieu, & d'autre part il voudroit faire croire que ſon
incapacité originelle de ſucceder en France auroit eſté preuenuë
par ſes Lettres que ſes Anceſtres ont euës, reparée par celles qu'a

eu son ayeul, & absolument abolie par celles qu'il a eu luy-mes-
me. Pour le regard des Arrests qui sont au nombre de trois le suc-
cint & veritable rapport d'iceux fait voir qu'ils sont plus contraires
qu'auantageux au Duc de Mantoüe. Par le premier qui est du 14.
d'Aoust 1554. & est dans le Traitté de Bacquet du droict d'Aubeine
chapitre 41. & dans les Arrests de le Vest Arrest 212. Pandolphe de
Cenamy François originaire estant demeurant à Venise il y auoit
plus de soixante ans sans y auoir pris qualité ny lettres de citoien ;
Mais y estant marié auec vne femme du pays & y ayant domicile &
famille, Maistre Iean de Cenamy son frere Chanoine en l'Eglise de
Rheims est decedé, Geoffroy de Cenamy fils & ayant transport des
droicts de Pandolphe est venu de Venise où il estoit né s'habituer en
France, y a obtenu Lettres Parentes du Roy verifiées en la Chambre
des Comptes, la succession de Iean de Cenamy son oncle luy a esté
adjugée à l'exclusion d'Isabelle d'Asnieres sa cousine au troisiesme
degré, parce que Pandolphe de Cenamy pouuoit reuenir en France quand il auroit voulu, s'il estoit incapable de succeder Geoffroy
venoit à la succession de son chef comme neueu de Iean, plus proche qu'Isabelle d'Asnieres. Par le second qui est du 7. Septembre
1576. prononcé en robes rouges, appellé l'Arrest de Langlesse, &
qui est dans le Traitté cy-dessus allegué de Bacquet au chapitre 39.
Marie Mabille a obtenu sa part en la succession d'Annette de Vaux
son ayeule maternelle, estant icelle Mabille née & mariée en Angleterre auec vn Anglois de nation, mais fille d'vn Orfevre de
Paris, lequel & sa femme estans allez pour trafic en Angleterre y
auoient eu cette fille & y estoient decedez, mais elle estant veufue
estoit venuë en France, y auoit estably domicile, & obtenu lettres de
naturalité verifiées en la Chambre des Comptes, & lors du iugement
du procez auoit fait sa declaration de vouloir finir ses iours en France, & auoit consenty si elle retournoit en Angleterre d'estre priuée
de sa part en la succession de son ayeule. Par le troisiesme qui est du
23. Decembre 1605. aussi prononcé en robes rouges, & qui est dans
le Recueil d'Arrests du sieur Loüet lettre S. nombre 15. & en celuy
du sieur Bouguier aussi lettre S. nombre 15. & entre les Arrests en
robes rouges donnez au public en 1617. Arrest 105. Iean Harmandieres François originaire, retiré, domicilié, marié & Marchand à
Seuille en Espagne il y auoit quarante ans, où il auoit declaré plusieurs fois, & mesme par acte public, que son intention estoit de retourner en France, y estant de retour a obtenu contre Iacques Harmandieres son frere la moitié des biens de la succession de leur pere
commun François Regnicole decedé dans le Royaume il y auoit dix
ans, à la charge que Iean Harmandieres demeureroit en France

le reste de ses iours & auec defenses d'aliener directement ny indirectement à quelque personne que ce fust les biens à luy adjugez. Cet Arrest fondé sur les declarations de Iean Harmandieres en Espagne & sur son retour en France, au moyen dequoy il n'auoit point cessé d'estre François, suiuant la loy *postliminÿ* au §. *captiuus de captiuis & postliminio*, en laquelle *in Atilio regulo quem Carthaginenses Romam miserunt, responsum est non esse eum postliminio reuersum, quia iurauerat Carthaginem reuersurum, & non habuerat animum Roma remanendi*, & les deux precedens Arrests fondez sur ce que les peres des enfans venus en France n'auoient point formé de dessein d'estre tousiours hors le Royaume, *fuerant peregrinantes non peregrini*. Tellement que la contrarieté de ces trois Arrests à la pretention du Duc de Mantouë est euidente par deux circonstances, l'vne que ses ayeul & pere sont decedez en estat de ne iamais retourner en France pour s'y restablir, le pere estant Prince Souuerain en Italie, & le fils y estât son heritier presumptif, & l'autre est que le Duc de Mantouë qui a succedé aux souuerainetez de son ayeul en Italie n'est point venu, & ne veut ny ne peut en l'estat qu'il est venir en France, qui est vne condition sans laquelle les Arrests n'auroient point adjugé à ceux qui les ont obtenu le droict de succeder, qui est vn droict de cité qui n'appartient en France qu'aux Regnicoles, & à ceux lesquels estans François originaires ou estrangers naturalisez en France se trouuent absens du Royaume auec dessein de retour, selon ce qui est dit sur la fin de la loy *Postliminÿ* cy-dessus alleguée, *in quodam interprete Menandro, qui postquam apud nos manumissus erat, missus est ad suos, non est auisa necessaria lex quæ lata est de illo, vt maneret ciuis Romanus, nam siue animus ei fuisset remanendi apud suos desineret esse ciuis, seu animus fuisset reuertendi maneret ciuis, & ideo lex esset superuacua*. En ce qui concerne l'art. 71. de la Coust. de Vitry, il porte que *En Noblesse ne gist espauité*, qui est à entendre que les *Nobles natifs & demeurans ès pays d'Allemagne, Brabant, Lorraine, Barrois ou ailleurs hors du Royaume succedent à leurs parens decedez, soit qu'ils fussent demeurans audit Royaume ou ailleurs ès biens delaissez par leur trespas audit Bailliage, meubles ou immeubles, nobles ou roturiers*, laquelle disposition particuliere & solitaire de cette Coustume, vnique entre toutes celles du Royaume sur ce suject, si elle estoit admise quoy que non, n'auroit effect que dans le Bailliage de Vitry, dans lequel il n'y a qu'vne partie du Duché de Rethelois, le surplus estant des Bailliage & Coustume de Vermandois, & ainsi le Duc de Mantouë ne pourroit s'en preualoir que pour vne portion des biens contentieux: mais il est constant que cet article de la Coustume de Vitry n'est point en vsage, parce qu'aucune Coustume du Royaume ne peut deroger aux loix d'Estat ny aux Ordonnances du

Roy, ainſi l'ont ſouſtenu en cette Audiance les Gens du Roy contre l'apoſtile de du Moulin ſur cet article 72. de la Couſtume de
Vitry, lors que la cauſe du Duc de Modene fut plaidée & iugée, ainſi
le ſouſtient Bacquet qui eſtoit Aduocat du Roy en la Chambre du
Treſor en ſon Traitté du droiĉt d'Aubeine au chapitre 30. & pour
marquer que cet article *habetur pro non ſcripto* en la Couſtume de Vitry dans le Couſtumier apres le texte de cet article eſt cette notte
par forme d'auis au public, *cette Couſtume n'empeſche pas que le Roy
ioüiſſe de ſon droiĉt d'Aubaine en ce Bailliage*, & par vn Commen-
taire recent, hors lequel il n'y en a point d'autre ſur la Couſtume de
Vitry, l'autheur qui a reputation & employ dans le Bailliage de
Vitry, atteſte que cet article n'y eſt nullement en vigueur, & qu'il
ne ſeroit pas iuſte qu'il fuſt obſerué, puis que les François ne re-
ceuroient pas le reciproque chez les eſtrangers, tellement que cette objeĉtion du Duc de Mantoüe ne ſert qu'à monſtrer combien ſa
cauſe eſt depourueuë de raiſon puis qu'il y en apporte de ſi foibles.
Quant aux Lettres Patentes obtenuës par ſes Anceſtres, il eſt certain
que celles de 1486. pour Engilbert de Cleues n'ont eſté que pour luy
ſeul faiſant ſon eſtabliſſement en France, & qu'elles ne ſont pour ſes
deſcendans, que pour faire que ceux qui ſeroient habiles à luy ſucceder, ce qui ne peut eſtre appliqué à aucun eſtranger, fuſſent ſes heritiers, comme s'il euſt eſté luy originaire du Royaume, à l'effeĉt dequoy les Lettres n'auroient pas eſté neceſſaires, attendu que les François Regnicoles ont droiĉt de ſucceder en France à leurs parens
eſtrangers naturaliſez ou non, ainſi qu'il eſt iuſtifié cy apres: Celles de
1539. pour Federic Duc de Mantoüe & Marguerite Paleologue ſon
eſpouſe & trois de leurs enfans, deſquels le Prince Guillaume depuis
Duc de Mantoüe eſtoit l'vn: Celles de 1550. pour Ludouic Prince de
Mantoüe & le Prince Cardinal ſon frere: Celles de 1596. pour Vincent I. Duc de Mantoüe, & les Princes Ferdinand & Vincent ſes
enfans, qui ont depuis eſté ſucceſſiuement Ducs, n'ont eſté oĉtroyez
pour les enfans des impetrans qu'au premier degré, & le Duc de
Mantoüe eſt iſſu du Duc Federic du coſté paternel au quatrieſme
degré, & du coſté maternel au cinquieſme degré, du Duc Guillaume
du coſté maternel au quatrieſme degré, du Prince Ludouic du coſté
paternel au troiſieſme degré, du Duc Vincent I. du coſté maternel au
troiſieſme degré: Ces meſmes Lettres n'ont eſté que pour recueillir
les biens des impetrans d'icelles, & entre les biens dont il s'agit, il
n'y a que les terres de Senonches & Brezolles qui ſont de cette qualité, leſquelles prouiennent du Prince Ludouic, qui les auoit eu d'Anne d'Alençon ſon ayeule, à laquelle il ſucceda en conſequence des
Lettres par luy obtenuës: d'où s'enſuit que quád les Lettres obtenües

par

par les Ducs & Princes de Mantoüe Anceſtres du Duc le pourroient
rendre habile à ſucceder en France, ce ne ſeroit qu'aux terres de
Senonches & Brezolles. Mais de plus quand elles pourroient auoir
effect pour tous les biens que le feu Duc de Mantoüe ſon ayeul à
laiſſez dans le Royaume, tant du coſté de Gonzagues que du coſté
de Cleues, elles ne pourroient ſeruir au Duc de Mantoüe, tant pource qu'elles ne s'eſtendent pas iuſqu'à luy, que ſpecialement attendu
qu'elles ont eſté verifiées en la Chambre des Comptes auec la clauſe
prouiſo quod hæredes ſint Regnicolæ. C'eſt vne condition eſſentielle aux
Lettres & inſeparable d'icelles, y ayant eſté appoſée par les Arreſts
de verification, leſquels en cette forme ayans eſté acceptez par
les Anceſtres du Duc de Mantoüe, & luy les mettant en auant pour
titre de ſa pretention, il eſt exclus par iceux de l'induction qu'il en
tire n'eſtant pas Regnicole. En tous les Arreſts de verification cette
condition eſt ordinaire, parce qu'vn eſtranger ſans eſtre Regnicole
n'eſt point naturaliſé, ce qui le rend eſtranger eſt la ſouſmiſſion à vn
autre Souuerain que le Roy, pour auoir des Lettres Patentes du Roy
il n'eſt pas moins eſtranger tant qu'il eſt domicilié ſous la domination d'vn autre Souuerain. Il n'y a doncques que la demeure dans
le Royaume qui le puiſſe rendre ſubjet du Roy, c'eſt pourquoy par
l'Arreſt de verification des Lettres on l'oblige d'eſtre Regnicole, le
choix de l'habitation eſt en ſa faculté ou dedans ou dehors le Royaume, mais il doit ſubir la condition ſous laquelle le Roy luy permet
par l'Arreſt de verification qui explique les Lettres Patentes, d'auoir
du bien en France par ſucceſſion: ſurquoy on peut dire en France
de l'eſtranger naturaliſé, en ce qu'il eſt obligé d'eſtre Regnicole
pour changer d'Eſtat, ce que dit le Droict Romain du *Poſtliminium*
de l'homme libre en la loy *in bello au §. Si quis ſeruum de captiuis &*
poſtliminio, Non enim poſtliminio reuertebatur, niſi qui hoc animo ad ſuos
deueniſſet, vt eorum res ſequeretur, illoſque relinqueret à quibus abüſſet,
quia vt Sabinus ſcribit de ſua ciuitate. cuique conſtituendi facultas libera eſt,
non de dominij iure. La neceſſité de l'incolat en France aux eſtrangers
naturaliſez, eſt iugée par vn Arreſt rendu en cette Audiance le
19. de Mars 1640. par lequel Iean Vanelly Lucquois apres auoir obtenu Lettres de naturalité & icelles fait verifier, ayant en ſuitte eſté
Regnicole, & puis eſtant retourné à Lucques, a eſté debouté de la
demande d'vn legs de 60000. liures à luy fait par le teſtament de
Laurens Vanelly ſon frere eſtranger naturaliſé & domicilié à Paris
& decedé ſans enfans, & ce legs particulier eſt demeuré compris au
legs vniuerſel de tous les biens du Teſtateur au profit de Thomas
Cantarini, dans l'Arreſt eſt le plaidoyé des Gens Roy, par lequel ils
ont maintenu que Iean Vanelly eſtant retourné il y auoit enuiron

I.

vingt ans à Lucques où il estoit encor, & y auoit domicile, femme &
enfans, participant aux charges & honneurs de la Republique selon
l'ordre & prerogatiue de sa naissance, les Lettres de naturalité qu'il
auoit eu dés l'an 1608. ne luy seruoient de rien & ne luy attribuoient
aucun priuilege, *parce qu'elles ne valent & ne se verifient qu'à la char-*
ge & à condition expresse d'estre Regnicole, ce qui doit auoir lieu contre
les estrangers naturalisez auec d'autant plus de raison, que les François originaires qui ne sont pas Regnicoles sont exclus des successions dans le Royaume, selon qu'il a esté iugé par vn Arrest du Parlement du 2. de Ianuier 1599. rendu *consultis classibus*, & prononcé en
robes rouges le 6. d'Auril ensuiuant, par lequel vne substitution faite
au profit du Chapitre de l'Eglise de Tholose en cas que l'heritier
substitué decedast sans enfans masles, a esté declarée ouuerte pour
le Chapitre auec restitution de fruicts, à cause qu'Arnault Buxi
heritier institué estoit en l'aage de soixante & quinze ans absent du
Royaume il y auoit quarante ans, marié à Lisbonne & demeurant
aux Indes, où il auoit eu deux enfans masles, desquels on disoit qu'il
vouloit enuoyer l'vn en France lors qu'il seroit en aage, au moyen de
la naissance desquels enfans Laurens Buxi cousin germain d'Arnault
Buxi soustenoit que la substitution faite *si sine liberis masculis decederet*,
n'auoit point de lieu, & que comme en cas de mort naturelle d'Arnault Buxi qui auroit laissé des enfans ils luy auroient succedé à l'exclusion du Chapitre de Tholose és biens substituez, & la substitution seroit demeurée éteinte, il en deuoit estre de mesme au cas
de la mort ciuile ou feinte d'Arnault Buxi par sa longue absence *sine*
animo redeundi, & sur ce que le Chapitre repliquoit que les enfans
d'Arnault Buxi n'estans point originaires François ny Regnicoles, *pro*
non natis habebantur, instar filiorum post deportationem conceptorum, Laurens Buxi pretendoit que les biens de son cousin mort ciuilement
par son absence, & sans enfans habiles à succeder luy appartenoient,
dont il a esté debouté. Ces deux Arrests fondez sur cette regle de
Droict en la loy 5. *de capit. minut. amissione ciuitatis fit capitis minutio,*
vt in aqua & igni interdictione, qui deficiunt capite minuuntur, deficere
autem dicuntur qui ab his quorum sub imperio sunt desistunt, & comme
les François non Regnicoles sont exclus des successions, ceux qui
apres longue absence dans les pays estrangers retournent demeurer
en France pays de leur origine sont admis à succeder, ainsi qu'il a
esté iugé non seulement par l'Arrest de Harmandieres rapporté cy-
dessus, mais encor par Arrest rendu en cette Audiance le 25. de
Feurier 1647. par lequel Denys Pierre Parisien, marié & demeurant
depuis plus de soixante ans en la ville de Bruxelles sans s'y estre fait
naturaliser subjet du Roy d'Espagne, a obtenu le quart en sa succes-

sion d'vne sienne cousine à Paris, laquelle auoit laissé quatre heritiers.
Apres la proposition establie que pour succeder en France par les
estrangers naturalisez, il est absolument necessaire d'estre Regnicoles, la consequence est que les Princes Souuerains, lesquels ou
leurs Ancestres pour eux ont obtenu Lettres Patentes du Roy, ne
peuuent succeder en France ne pouuans estre Regnicoles, s'ils
l'estoient ils seroient subjets du Roy, & leur Estat Souuerain cesseroit
en leurs personnes, il n'y auroit point d'interest si aduantageux en
France qui peust estre le prix de cette sousmission pour les resoudre
à l'accepter au lieu de leur independance, puis que pour succeder
en France il faut estre Regnicole, & c'est estre subjet du Roy que
d'estre Regnicole, les Souuerains pour estre alliez & confederez de
la France ne sont pas Regnicoles, pource qu'ils ne sont pas subjets
du Roy, il est de leur confederation comme de celle dont a parlé
Tite Liue au liure 8. de son Histoire *in fide populi Romani non in ditione*,
il seroit besoin pour estre Regnicoles qu'ils fussent attachez à la
France comme à la Republique Romaine ceux desquels le mesme Autheur a dit au liure 9. *Teates apuli impetrauerunt vt fœdus dare-*
tur, neque vt aequo tamen fœdere, sed vt in ditione populi Romani essent.
De tout temps la simple confederation entre les Estats, sans que
l'vn aye esté dependant de l'autre, n'a pas empesché qu'ils n'ayent
esté estrangers entr'eux, il y en a plusieurs vestiges en l'antiquité,
desquels est exprès celuy de l'Orateur Romain en l'Oraison *pro Cor-*
nelio Balbo, où il rapporte que dans Rome les Prestres des citez con-
federées de la Grece qui sacrifioient à Ceres, estoient faits citoyens
Romains, afin qu'il n'y eust rien d'estranger en leurs sacrifices. Les
Princes Souuerains qui ont obtenu Lettres Patentes verifiées dót il a
esté parlé cy-dessus, excepté le Roy Henry III. qui est au dessus de toute exception, n'ont point esté Regnicoles, & n'ont iamais eu de bien
en France par succession, les enfans de quelques-vns naturalisez en
France ont esté Regnicoles, & ont succedé en des terres de leurs
maisons, comme la Royne Catherine de Medicis a eu en France
par succession les terres de Magdelaine de la Tour Duchesse d'Vrbain sa mere, Ludouic Prince de Mantouë y a eu par mesme voye
celles d'Anne d'Alençon son ayeule maternelle. Cette necessité
d'estre Regnicole pour succeder en France, est à cause que les chefs
des Maisons Souueraines, preuoyans que leurs fils aisnez estans leurs
successeurs en leurs Souuerainetez, ne le pourroient estre és terres
situées en France appartenantes à leurs meres, ou autres leurs parens du costé maternel, ils ont disposé la naissance de quelques-vns
de leurs puisnez pour arriuer en France, ou ont obtenu & fait verifier des Lettres pour eux afin de les rendre habiles à succeder, par

le moyen dequoy font venuës en France: de la Maifon de Sauoye, celle de Nemours par Philippes de Sauoye Comte de Geneuois fils de
Philippes I I. Duc de Sauoye & de Claude de Bretagne: De la Maifon de Lorraine d'vne part celle de Guife & autres en prouenantes,
par Claude de Lorraine Duc de Guife, fecond fils de René I I. Duc
de Lorraine: & d'autre part celle de Mercœur par Nicolas de Lorraine fecond fils d'Anthoine Duc de Lorraine: Des Maifons de Mantouë & de Cleues, celle de Gonzagues de Cleues par le mariage de
Ludouic de Gonzagues troifiefme fils de Federic Duc de Mantouë
auec Henriette de Cleues iffuë d'Engilbert de Cleues fecond fils de
Iean Duc de Cleues : de la Maifon de Luxembourg par Valeran de
Luxembourg Sire de Ligny fecond fils de Henry I I. Comte de
Luxembourg, & de Marguerite de Bar, les Comtes de Ligny, Sainct
Pol, de Brienne & Rouffy, les Ducs de Piney, les Seigneurs de Beau-
reuoir, Fiennes, Martigues, Launoy & autres. Et pour d'abondant
iuftifier que la neceffité de l'incolat en France aux eftrangers qui
ont Lettres Patentes du Roy, eft vne partie des conditions de la loy
d'Aubeine, comme loy d'Eftat, il fe void que toutes les Lettres
octroyées par les Rois à des nations ou Compagnies eftrangeres,
ont efté tant par les Lettres que par les Arrefts de verification à la
charge expreffe d'eftre Regnicoles, ainfi font les Lettres Patentes
du Roy Louis X I. en Septembre 1481. verifiées en la Chambre des
Comptes le 5. d'Octobre, & du Roy Henry I I. en Feurier 1551. verifiées en Parlement le 18. de Nouembre, pour les Suiffes qui font au
feruice du Roy, celles du Roy Henry I I. en Nouembre 1547. verifiées en la Chambre des Comptes le 12. de Feurier 1548. pour les Efcoffois de la garde du corps du Roy, celles du mefme Roy Henry I I.
en Aouft 1550. verifiées en Parlement le 22. de Decembre, & en la
Chambre des Comptes le 25. de Iuin 1551. pour les Portugais qui
eftoient venus & qui viendroient s'habituer en France, celles du Roy
Charles I X. en Feurier 1566. verifiées en Parlement le 21. de May, pour
les Sauoifiens eftablis en France durant que la Sauoye eftoit poffe-
dée par les Rois François I. & Henry I I. l'article 70. de l'Edict du Roy
Henry le Grand en Auril 1598. verifié en Parlement le 25. de Feurier
1599. pour les enfans des François qui s'eftoiét retirez hors du Royaume depuis la mort du Roy Henry I I. à caufe des troubles, aux mefmes termes font les priuileges des ouuriers en foye eftrangers habituez en la ville de Tours, & des Marchands frequentans les Foires
de la ville de Lyon. A ce qui eft obiecté que fi les Souuerains pour
n'eftre pas Regnicoles eftoient exclus de fucceder en des biens de
France ils n'y fuccederoient iamais, la refponfe eft, que les inconue-
niens ne font pas des raifons, mais puis que la fin de la loy d'Aubaine

eft

eſt d'empeſcher aux eſtrangers la poſſeſſion des biens du Royaume : tant plus il y a de difficulté & de repugnance aux exceptions de
la Loy, l'execution en eſt plus aſſeurée : comme la naturalité d'vn
Souuerain, ſans comparaiſon plus que celle d'vn ſubjet, ſeroit de-
ſauantageuſe à la France, au lieu d'adjouſter à celle d'vn Souuerain, il eſt plus vtile pour l'Eſtat de la reſtraindre. En paſſant des Lettres Patentes que les Anceſtres du Duc de Mantoüe ont eu, à celles que le feu Duc de Mantoüe ſon ayeul a obtenu en Iuillet 1634.
Cette obſeruation eſt à faire, que non ſeulement il n'eſt en icelles
nulle mention des precedentes, teſmoignage du feu Duc de Mantoüe qu'il les reconnoiſſoit inutiles ; mais deplus s'il les euſt eſtimé
pouuoir eſtre de quelque effect, il n'auroit pas requis celles-cy,
deſquelles à cauſe qu'elles n'ont point eſté verifiées, le Duc de
Mantoüe ne peut s'ayder. Ayans eſté adreſſées au Parlement & à la
Chambre des Comptes, l'intention du Roy à eſté d'en ſurſoir &
ſuſpendre l'effect iuſques apres la verification, laquelle auec les
Lettres eſt l'vne des deux parties qui compoſent vn tiltre parfait, ce
qui a donné lieu à ce qui eſt porté par l'article 35. de l'Ordonnance
de Rouſſillon du Roy Charles IX. en Ianuier 1563. que les Arreſts
de verification des Lettres Patentes, qui eſtoient encor alors en
langue Latine, comme jadis les Lettres, ſeroient en François ainſi
que les Lettres, leſquelles les Rois ont voulu eſtre verifiées, pour
eſtre aſſeurez par ce moyen que le motif & le diſpoſitif d'icelles
fuſſent veritables & iuſtes. Comme en l'adoption par le droict Romain la preſtation du fils adoptif, l'admiſſion du pere adoptant, &
le decret du Iuge eſtoient neceſſaires pour changer de famille, ainſi
en la naturalité par le Droict François pour changer de patrie, ce
n'eſt pas aſſez d'auoir Lettres Parentes du Roy, la Requeſte de l'E-
ſtranger pour les faire verifier, par laquelle il ſe donne au Roy & à la
France, & l'Arreſt de verification qui le iuge homme du Roy, &
ſon ſubjet, y ſont encor requis. Cét Arreſt vaut auſſi pour inſinuation
de la donation que le Roy fait implicitement de ſon Droict d'Aubeine à l'Eſtranger par les Lettres de naturalité, laquelle donation
eſt acceptée par la Requeſte aux fins de verification des Lettres, par
leſquelles les Eſtrangers auroient vn tiltre à l'eſgard du Roy pour
ſe dire François, & le Roy n'en auroit point à l'encontre d'eux pour
les traitter comme ſes Subjects, du manquement de verification,
s'il eſtoit tolleré, on viendroit au meſpris des Lettres de la part des
Eſtrangers, ne paroiſſant plus aux Officiers du Roy par les Regiſtres du Parlement ou de la Chambre des Comptes, qu'ils ſeroient
les Eſtrangers naturaliſez, pour les diſcerner de ceux qui ne le ſeroient pas. Comme en ces matieres tous exemples ſont conſequen-

K

ce, ce qui auroit paſſé pour le Duc de Mantoüe ſeroit vne Loy pour
tous les Eſtrangers. Ses Anceſtres ont recognu que la verification
eſtoit eſſentielle & neceſſaire pour l'effeɛt des Lettres, ayans fait verifier celles qui ont eſté obtenuës par eux, toutes les autres que les
Souuerains, & meſmes le Roy Henry III. eſtant Roy de Pologne,
ont eu, ont pareillement eſté verifiées. Le feu Duc de Mantoüe a
eu en 1637. année de ſon deceds, des Lettres de ſurannation, pour
faire verifier les Lettres qu'il auoit eu en 1634. ce qu'il n'a point fait,
il auoit eſté long-temps dans les Conſeils du Roy, & ſçauoit que
par les Loix de la France ſes Lettres reſtoient pour non obtenuës
n'eſtans pas verifiées, & qu'elles ne le pouuoient eſtre apres l'an,
ſans lettres de Suran ; mais par preuoyance de Prince genereux , &
prudence de pere iuſte, Il a voulu qu'elles ſoient demeurées ſans
verification, pour donner aux Princeſſes ſes filles vn moyen d'exclure de ſa ſucceſſion de France le Duc ſon petit fils, lequel il iu-
geoit deuoir eſtre ſatisfait de celle d'Italie ; mais pour ne laiſſer aucun pretexte de douter, que le deffaut de verification des Lettres ne
les rende inutiles., les Arreſts ont iugé que le changement d'eſtat
& de condition ne pouuoit eſtre effeɛtif par Lettres Patentes ſi elles
n'eſtoient verifiées. Par Arreſt du ſixiéme de Iuin 1539. le Teſtament de Raphaël Donatus natif de Dalmatie, Medecin en la ville
de Poiɛtiers, qui auoit legué ſon bien à l'Egliſe & aux pauures, a eſté
declaré nul, à cauſe que les Lettres de naturalité qu'il auoit obtenuës n'auoient pas eſté verifiées, encor que le Teſtament ne fuſt
conteſté que par le Procureur General du Roy pour le Droiɛt d'Aubeine. Par Arreſt du vingt troiſieſme de Decembre 1584. la ſucceſſion de Michel Potery a eſté adiugée à Claude Paumier & autres heritiers collateraux, priuatiuement à Michelle Potery fille naturelle
du deffunɛt, pour laquelle le pere viuant auoit obtenu & preſenté
à la Chambre des Comptes des Lettres de legitimation, qui n'a-
uoient eſté verifiées qu'apres ſon deceds. Autre ſemblable Arreſt
du vingt-troiſieſme de Iuillet 1585. contre Marcellin Gueton, fils
naturel legitimé par Lettres Patentes obtenuës du viuant mais verifiées apres le deceds d'autre Marcellin Gueton ſon pere ; Par Arreſt du vingt ſeptieſme de May 1648. au profit de François du Pont
ſieur de Paſſé, pour lequel luy qui parle plaidoit en la Chambre de
l'Ediɛt, il a eſté ordonné que dans le pays d'Anjou le partage ſeroit
fait roturierement de la ſucceſſion du fils d'vn annobly, duquel les
Lettres d'annobliſſement auoient eſté verifiées en la Cour des Aydes, mais ne l'auoient point eſté au Parlement, qui eſt le Iuge Souuerain de l'Eſtat & condition des Subjeɛts du Roy ; Enfin pour ce
qui eſt des Lettres Patentes que le Duc de Mantoüe a obtenuës du

Roy au mois de Ianuier 1646. verifiées en Parlement le vingt-troifiefme de Feurier, ce n'eft que la fuitte & l'execution de l'Arreft du
Confeil, elles font fondées fur celles que les anceftres du Duc ont
euës, & fur celles de 1634. de toutes lefquelles il a efté monftré qu'il
ne peut prendre aduantage. La grâce qu'il a pleu au Roy de luy faire par celles-cy de l'année 1646. eftant pofterieure à l'ouuerture de
la fucceffion du feu Duc de Mantoüe, ne peut rendre le Duc
fon petit fils habile à luy auoir fuccedé en France, pour eftre vtilement capable d'heriter, il faut que ce foit au momét de l'efcheance
de la fucceffion, la capacité furuenante ne reftablit point au droiét
de fucceder celuy qui en eftoit defcheu, ou auquel il n'appartenoit
pas, alors que la fucceffion eft arriuée. C'eft vn principe de Droiét,
en la Loy 3. au §. *quando autem de iure fifci*, en la Loy *fi cognatis au §. cæ-
terum,de rebus dubiis*,ainfi le decidét les Doéteurs fur la Loy premiere
de Regula Catoniana. Et les refcrits des Princes non plus que tous autres aétes legitimes, n'ont point d'effeét retroaétif au prejudice du
droiét acquis à vn tiers, c'eft vne maxime de droiét eftablie par raifon & auétorité par Bartole fur la Loy Gallus au §. *& quid fi tantum
de liberis pofthumis*, & par Cujas *ad Affricanum* fur la Loy derniere
rem ratam haberi,tellement que les Lettres obtenuës par le Duc de
Mantoüe en 1646. produiront pour l'aduenir tel effeét qu'il appartiendra, mais pource qui eft du paffé, touchant la fucceffion du
feu Duc de Mantoüe qui eftoit efcheuë auparauant, elles ne peuuent prejudicier à la Royne de Pologne & à la Princeffe Palatine,
neantmoins en tant que befoin feroit, elles ont fupplié la Cour de
les receuoir oppofantes à l'execution de l'Arreft du 23. Feurier 1646.
de verification des mefmes Lettres, auquel Arreft elles n'ont efté
ouyes ny appellees, & elles ne l'ont peu ny deub preuenir par oppofition à la verification des Lettres , auant qu'elles ayent efté pre-
fentées au Parlement, à caufe que leur oppofition euft efté euoquée
& iugée au Confeil, conformément à l'Arreft rendu en iceluy en
faueur du Duc de Mantoüe. Tant de raifons pour deftruire fa pretention, fuffiroient à eftablir le droiét de la Royne de Pologne &
de la Princeffe Palatine, mais l'importance de la caufe permet encor d'y en adjoufter vne derniere par abondance fans excez, pour
monftrer que quand les Lettres de 1634. auroient efté verifiées auant
le decez du feu Duc de Mantoüe, & quand l'obtention & verification de celles de 1646. auroient precedé le mefme decez,& quand
le Duc de Mantoüe feroit Regnicole, la fucceffion ne laifferoit pas
d'appartenir à la Royne de Pologne & à la Prince Palatine à l'exclufion du Duc de Mantoüe. Dautant que les eftrangers ne font
pas exclus des fucceffions en France par indignité,mais par incapa-

cité, au moyen dequoy le droict d'Aubeine ne les defere pas au Roy
par confiscation, mais par le deffaut de Regnicoles habiles à fucceder: De sorte que s'il y a des fubjets du Roy qui ayent la qualité de
conuenables heritiers (c'est le mot de l'Ordonnance du Roy Charles VI. de l'an 1586.) capables de recueillir les succeffions aufquelles
les estrangers font appellez par la nature & par le droict d'agnation , mais rejectez par la Loy d'Aubeine, le Roy n'y a point de
droict, parce que la Loy d'Aubeine n'est pas vne Loy Fiscale pour
accroistre le domaine vtile du Roy, c'est vne Loy d'Estat pour conferuer aux François les biens du Royaume contre les estrangers, ce
qui fait que par les Arrests du Parlement les succeffions conten-
tieufes en femblables occurrences ont esté adjugées aux heritiers
François Regnicoles, non feulement contre les heritiers estrangers
non naturalifez, mais auffi contre les donataires du Roy, dont il
y a Arrest du 6. de May 1606. entre Octauien & Ifabeau de Secques
& autres parties, Autre Arrest du 5. de Decembre 1610. pour Françoife Taueneau, contre le fieur de Villierfadam, Autre Arrest du
4. de Mars 1613. fur la succeffion du Capitaine Champ-Gaillard,
Autre Arrest du 18. de Mars 1647. pour Damoifelles Marie & Mar-
gueritte Bafton, à quoy est conforme l'article 90. de la Coustume
de Sens, qui donne les succeffions des estrangers aux heritiers François, par preference aux heritiers estrangers, quoy que plus proches , & par confequent à l'exclusion du Roy qui est au lieu des
estrangers , & l'article 5. de la Coustume de Melun qui femble y
estre contraire, dónant au Roy les biens des Aubeins encores qu'ils
euffent laiffé enfans ou proches parens, est dans l'vfage entendu felon l'apostile de du Moulin, quand les enfans font Aubeins & non
Regnicoles, mais quand les enfans ou autres heritiers font François
& Regnicoles ils fuccedent, & le Roy n'y a point de droict d'Aubeine. D'où s'enfuit que par les Lettres de naturalité le Roy rend les
estrangers capables de fucceder, comme il pourroit faire au deffaut
d'heritiers François, il n'oste & ne diminuë point le droict acquis
aux heritiers François, mais feulement quitte & remet aux estrangers fon droict de fucceder à leur exclusion, ce qui fait que telles
Lettres comme dons du Roy font verifiées en la Chambre des
Comptes, & les impetrans doiuent finance, s'ils n'en font difpenfez
par les Lettres , au moyen dequoy puis que l'heritier François exclud le Roy, qui exclud l'heritier estranger, à plus forte raifon ce
mefme heritier estranger, lequel en vertu de fes Lettres de naturalité n'a point d'autre droict que celuy du Roy, est exclus par l'heritier François fuiuant l'axiome de droict, *fi vinco, vincentem te, mul-
to magis vinco te*, en la Loy *Æquiffimum* au §. *fi ex filio ad Senatus-
conf.*

conf. Tertyll. en la loy *de acceßionibus* au §. *& ſi mihi D. de diuerſ. & temporal. præſcript.* Ce qui eſt d'autant plus certain, que les Lettres de naturalité, comme toutes autres Lettres octroyées par le Roy pour changer l'eſtat des perſonnes ou des choſes, ſont touſiours auec la condition ou expreſſe ou preſumée, *Sauf le droict d'autruy*, autrement les graces du Roy ſeroient contre ſon intention, parce qu'elles ſeroient iniuſtes. Par la legitimation d'vn baſtard conſentie par ſon pere il eſt rendu capable de luy ſucceder, mais point au preiudice des enfans nez ou à n'aiſtre de ſon mariage precedent la legitimation:par l'anobliſſement d'vn roturier, ceux qui ont droict de luy ſucceder également ne ſont point reduite au partage noble & aduantageux, qui ne commence d'auoir lieu qu'entre les deſcendans de ſes enfans : la remiſſion ou abolition d'vn crime n'empeſche point la reparation acquiſe à la partie ciuile : l'erection d'vne terre en dignité ne fait point ceſſer ſans indemnité les droicts du fief d'où elle releue : la commuttation du nom ne diminuë en rien les droicts de ceux qui auroient intereſt qu'il fuſt continué: ainſi la naturalité de l'eſtranger ne le rend point habile à ſucceder au preiudice des François, auſquels par leur naiſſance eſt acquis le droict de l'en exclure par la ſienne: ainſi par le droict Romain en la Loy ſeconde *de natal. reſtit. ſi libertinus à principe natalibus ſuis reſtitutus fuerit, illis vtique natalibus reſtituitur, in quibus initio omnes homines fuerunt, non in quibus ipſe naſcitur cum ſeruus natus eſſet, hic enim quantum ad totum ius pertinet perinde habetur, atque ſi ingenuus natus eſſet, nec patronus eius poteſt ad ſucceſſionem venire, ideoque Imperatores non ſolent facile quemquam natalibus reſtituere, niſi conſentiente patrono,* à cauſe de ſon droict de ſucceder qui luy ſeroit oſté, & en la Loy 4. au meſme titre, *nec filio patroni inuito libertus natalibus ſuis reſtitui poteſt, quid enim intereſt ipſi patrono an filiis eius fiat iniuria,* parce que les enfans ſuccedent au lieu de leurs peres: Si les Lettres de naturalité des eſtrangers auoient effect au preiudice des heritiers François, le Roy ſeroit heritier priuatiuement à ſes ſubjets, par la preference de l'eſtranger naturaliſé, qui n'eſt à cet eſgard que donataire du Roy, contre les heritiers François : leſquels excluroient vn François donataire du Roy, & n'excluans pas vn eſtranger, il ſeroit de meilleure condition qu'vn François, & par cet euenement la loy d'Aubeine dans ſon execution ſeroit pour les eſtrangers contre les François, encore qu'elle ſoit toute pour les François contre les eſtrangers en ſes diſpoſitions. La verité de cette propoſition, que les Lettres de naturalité octroyées par le Roy à vn eſtranger ne le rendent point habile à recueillir vne ſucceſſion en France, pour laquelle il y a des heritiers legitimes François & Regnicoles auant les Lettres de naturalité, ſe trou-

L

ue confirmée par vn exemple domeſtique aux parties, iuſtifié par pieces qui ſont dans les Regiſtres du Parlement, & dans le Greffe de la Chambre des Comptes de Neuers : par leſquelles il appert qu'au differend qu'il eſt rapporté cy-deſſus auoir eſté terminé par tranſaction paſſée de l'authorité du Roy Louis XII. & omologuée au Parlement, pour le Comté de Neuers & autres terres de la ſucceſſion de Iean de Bourgongne Duc de Brabant & Comte de Neuers, entre Engilbert de Cleues naturaliſé en France, ſecond fils de Iean Duc de Cleues & d'Elizabeth de Bourgongne ſa femme, fille aiſnée du Duc de Brabant, lequel n'auoit point laiſſé d'enfans maſles, d'vne part: & Iean d'Albret & Charlotte de Bourgongne ſa femme, ſeconde fille du Duc de Brabant d'autre part. La conteſtation eſtoit, ſur ce que Elizabeth de Bourgongne par ſon contract de mariage moyennant ſa dot ayant renoncé à la ſucceſſion de ſon pere en faueur des enfans maſles qu'il pourroit auoir, ſauf à reuenir à partage ſi le pere ne laiſſoit que des filles, & Charlotte de Bourgongne ayant fait pareille renonciation, le pere luy auoit fait donation de ſes biens de France, en la poſſeſſion deſquels il eſtoit depuis decedé, & auoit legué ſes terres ou pour mieux dire ſes pretentions des Pays Bas à Elizabeth de Bourgongne: Engilbert de Cleues pretendoit que la donation eſtoit nulle, & que par icelle il ne pouuoit eſtre fruſtré du droict reſerué à ſa mere par ſon contract de mariage, de ſucceder au Duc de Brabant, le decez d'iceluy eſtant arriué ſans enfans maſles : Charlotte de Bourgongne ſouſtenoit la donation valable, & qu'Engilbert de Cleues ſon neueu eſtant eſtranger & comme tel incapable de ſucceſſion en France, il ne pouuoit ſe preualoir de la clauſe du contract de mariage de ſa mere, il reſpondoit qu'auparauant le decez de ſon ayeul il auoit eſté rendu habile à ſucceder en France par Lettres de naturalité deuëment verifiées, ſa tante repliquoit qu'auparauant les Lettres par luy obtenuës elle eſtant née dans le Royaume le droict luy auoit eſté acquis de ſucceder à ſon pere, priuatiuement à ſon neueu né en Allemagne, auquel droict les Lettres n'auoient peu prejudicier: le Prince de Cleues inſiſtoit ſur ce que dés le moment de ſa naiſſance il auoit eſté deſtiné pour la France, ſon frere aiſné eſtant ſucceſſeur deſigné des Eſtats du pere en Allemagne, dés ſon enfance il auoit eſté amené dans le Royaume & eſleué en la Cour du Roy Louis XII. ſon couſin germain, alors auant ſon aduenement à la Couronne Duc d'Orleans, depuis il auoit touſiours eſté Regnicole, & auoit en ſuite eſpouſé vne Princeſſe de la Maiſon de Bourbon, de laquelle il auoit trois enfans maſles, François originaires & Regnicoles, auoit en toutes occaſions expoſé ſa vie pour le ſer-

uice du Roy & de l'Eſtat dans les armées Royales, auoit ſuiuy &
ſeruy le Roy Charles VIII. en la conqueſte du Royaume de Naples,
& pour luy eſtant general des Suiſſes, & combattant à pied à la te-
ſte de leurs troupes, en la fameuſe bataille de Fornouë à iamais glorieuſe pour la France, prés la Riuiere de Tar en Italie, il auoit con-
tribué à la victoire du Roy, lequel auec huict mil hommes auoit def-
fait tous les Souuerains d'Italie, qui empeſchoient auec quarante
mil hommes ſon retour en France: auſquelles conſiderations Charlotte de Bourgongne oppoſoit que la loy d'Aubeine eſtoit vne loy
d'Eſtat qui n'eſtoit pas ſuſceptible d'aucune exception, ſurquoy par
l'accord fait le 4. d'Octobre 1504. omologué en Parlement le 16. de
Ianuier enſuiuant, de ce procez commencé en 1490. a eſté arreſté le
mariage de Charles & Louis de Cleues fils d'Engilbert de Cleues
auec Marie & Heleine d'Albret filles de Charlotte de Bourgongne,
laquelle eſtoit decedée deuant la concluſion de l'affaire, deſquels
deux mariages l'execution du ſecond a eſté empeſchée par le decez
de Heleine d'Albret, & tous les biens donnez par le Duc de Brabant à Charlotte de Bourgongne ſont demeurez à Marie d'Albret,
& par le moyen de ce que de ſon mariage auec Charles de Cleues il
y a eu vn fils François de Cleues, qui a eſté l'ayeul maternel du feu
Duc de Mantouë, ces meſmes biens ont paſſé en la Maiſon de
Cleues, mais Engilbert de Cleues n'en a point eſté proprietaire,
il a ſeulement eu par l'accord la iouïſſance viagere du Comté &
Pairie de Niuernois, pour auoir ſa vie durant le titre de Comte de
Neuers, qui eſtoit deſlors illuſtre en France, eſtant vn partage de la
Maiſon Royale de Bourgongne. Tellement que par les Lettres
Patentes du Roy François I. d'erection du Comté de Neuers en Duché & Pairie du mois de Ianuier 1538. verifiées en Parlement le 17.
de Feurier enſuiuant, & en la Chambre des Comptes le 28. du meſme mois, le tout depuis le decez d'Engilbert & Charles de Cleues
pere & fils, il appert que ç'a eſté en la perſonne de Marie d'Albret,
& non pas de François de Cleues ſon fils, que cette terre a eſté ho-
norée du titre de Duché & Pairie, & l'vne des clauſes des Lettres
eſt en ces termes, *Et outre du vouloir & conſentement de noſtredite cou-*
ſine, ſans toutesfois que par celuy ſoit fait aucun prejudice en ſon droict, ſoit
de plaine proprieté poſſeſſion ou autrement, auons à noſtredit Couſin ſon fils,
vnique octroyé & octroyans la dignité nom & titre de Duc dudit pays, auec
toutes & chacunes les prerogatiues & preéminences de Duc: leſquelles deux
obſeruations en ces Lettres ſont preuue plus que ſuffi-
ſante de ce faict, qu'Engilbert de Cleues & Charles de Cleues ſon
fils n'ont rien eu en la proprieté du Niuernois, lequel s'il leur auoit
appartenu auroit eſté le propre paternel de François de Cleues, &

qu'il eſt demeuré bien patrimonial de Marie d'Albret ſa mère, à laquelle le Roy Louis XII. & apres luy le Roy François I. ſon ſucceſſeur, ont conſerué l'effect & l'vtilité de la Loy d'Aubeine. Pour laquelle les exemples eſtans des raiſons, parce que c'eſt vne loy qui n'eſt eſcrite que par les actes de l'vſage d'icelle, la pretention du Duc de Mantouë eſt d'autant plus denuée de pretexte, qu'elle ne peut receuoir couleur d'aucun exemple. Ses Agens preſument qu'il puiſſe auoir en France par droict hereditaire les terres dont eſt queſtion, comme les Rois d'Angleterre y ont eu les Duchez de Normandie de Guyenne & d'Anjou, & les Comtez de Poictou Touraine & du Mayne, mais ils diſſimulent ce qui eſt notoire par le plaidoyé qui a eſté donné au public fait par le feu ſieur Seruin Aduocat general en la cauſe du Duc de Modene, de laquelle l Arreſt du 15. de May 1601. eſt rapporté cy deſſus, qu'il y a plus de cinquante ans que ce poinct d Hiſtoire a eſté eſclaircy en cette Audience, & eſt demeuré pour certain, que les Rois d'Angleterre, Robert, Henry I. & Henry II. & Richard I. ſurnommé cœur de Lyon, & autres Rois ou Princes d'Angleterre, qui auroient éu en France non ſeulement des terres mais des Prouinces, eſtoient François de naiſſance, & ont longuement fait leur ſejour dans le Royaume: tant de baſtimens qu'ils y ont fait, & de fondations ou dottations d'Egliſes ſeculieres ou regulieres, tant de fortereſſes qu'ils y ont édifié ſelon la ſtructure qui leur eſtoit ordinaire, tant de titres originaux qui ſe trouuent emanez d'eux en pluſieurs archiues, ſont des teſmoins muets qui renouuellent inceſſamment le ſouuenir des malheurs enſeuelis dans les ruines des ſiecles paſſez, & cauſent auerſion de voir les eſtrangers poſſeder des terres dans le Royaume. Dans lequel on a veu des Rois de Hieruſalem, de Naples & de Sicile de la Maiſon d'Anjou, des Ducs de Milan de la Maiſon d'Orleans, des Rois de Nauarre des Maiſons d'Eureux d'Albret & de Bourbon, ſucceder en des terres ſituées dans le Royaume, mais ils eſtoient François originaires & Regnicoles. Quand les Rois d'Angleterre ou ceux-cy n'auroient pas pris naiſſance en France, & n'y auroient pas eſté demeurans, leur poſſeſſion de terres dans le Royaume ne ſeroient aucun exemple contre la loy d'Aubeine: où ils n'auroient point eu de coheritiers François intereſſez à les exclure de ſucceder, ou s'il y en auoit ils ſe ſeroient abſtenus d'vſer de leur droict pour l'excluſion: s'il n'y auoit point d'autres heritiers, la loy d'Aubeine auroit defferé les ſucceſſions au Roy, qui auroit voulu obliger & gratifier les Princes eſtrangers de leur en laiſſer recueillir les biens, leur donnant tacitement en cette maniere, ce qu'il leur auroit accordé par des Lettres Patentes,

au

au deffaut defquelles il auroit encor efté fupplée par les receptions des hommages qu'ils auroient rendu au Roy comme vaffaux de la Couronne : Ainfi les Ducs de Lorraine eftans Souuerains en leur pays ont poffedé le Duché de Bar en France, comme encor en ver-tu des inueftitures que les premiers en ont eu du Roy pour eux & leurs fucceffeurs. Si le feu Duc de Mantouë lors de fon decez n'auoit point laiffé d'autres heritiers que les enfans du feu Prince fon fils qui font eftrangers, fa fucceffion en France auroit appartenu au Roy par droiêt d'Aubeine, fa Majefté en auroit difpofé comme elle auroit voulu, ou en faifant fon domaine du bien de cette fuccef-fion, ou en le laiffant au Duc de Mantouë, foit par Lettres Patentes ou autrement, mais la Royne de Pologne & la Princeffe Palatine filles du feu Duc de Mantouë eftans fes heritieres legitimes, habiles à luy fucceder en France, & faifies de fa fucceffion par la loy gene-rale du Royaume, la Iuftice du Roy exercée par le Parlement en tres-haut degré ne peut permettre qu'en cette occafion il foit fait violence à la loy d'Eftat. La qualité de Prince Souuerain en laquelle le Duc de Mantouë y pretend exception, non feulement n'eft pas confiderable en termes generaux, mais de plus au faiêt particulier ne le peut eftre contre le Roy de Pologne, outre la difference de dignité entre ces deux Souuerains, & que la Royne de Pologne n'eft point eftrangere en France comme le Duc de Mantouë, il y a cette diuerfité entre les deux nations, que les Polohois quelque diftance qu'il y aye d'eux à nous, n'ont iamais efté contraires aux interefts de la France, vers laquelle ils ont fait paroiftre en des manieres toutes heroïques leur eftime & leur affeêtion, ayans trauerfé tant de terres & tant de mers pour auoir en France cy-deuant vn de nos Princes pour leur Roy, & maintenant vne de nos Princeffes pour leur Royne, au contraire dans l'Italie où eft le Duc de Mantouë, les Fleurs de lys ont efté arrachées par cette nation impatiente de la domination Françoife, lors que dans le Royaume de Naples & le Duché de Mi-lan elles ont efté plantées par fucceffion, qui eft la voye par laquel-le le Duc de Mantouë fe voudroit introduire dans la France, laquel-le auiourd'huy eftant en poffeffion de vaincre les eftrangers par les armes, ils trouueroient eux-mefmes eftrange qu'vne loy d'Eftat fuft furmontée dans vn combat de Iuftice par le Duc de Mantouë durant, que la France a l'aduantage de pouuoir dire à d'autres Souuerains, *Nec trucibus fluuiis idem fonus, occidit horror aquoris, & terris maria ac-clinata quiefcunt.* Il y a d'autant moins d'apparence de confiderer le Duc de Mantouë en cette pourfuite, qu'il y agit fans intereft, parce qu'il n'auroit aucun profit de la jouyffance des biens contentieux, defquels le total eftant chargé de 109000. liu. de rente par chacun an enuers les creanciers de la succeſſion, & de 50000. liures de charges foncieres annuelles & ordinaires, & de 80000. liu. par an enuers la Royne de Pologne & Cantarini ſon ceſſionaire, & de 60000. liures par an enuers la Princeſſe Palatine, le tout enſemble montant à la ſomme de 190000. liures par an, ſans y comprendre pluſieurs debtes paſſiues & litigieuſes de la ſucceſſion, deſquelles les pretentions ſont de plus d'vn million de liures, & tout le reuenu n'eſtant que de 200000. liu. par an dans le temps de paix en terres, & 100000. liu. en rentes ſur les receptes du Roy, dont il ne ſe paye qu'vne partie, encor auec pertes & difficultez, il eſt euident que la ſucceſſion eſt non ſeulement inutile, mais onereuſe au Duc de Mantoüe, lequel encor qu'il ne paye rien à la Royne de Pologne ny à Cantarini pour elle peu, & auec peine à la Princeſſe Palatine, il paye ſi mal les creanciers que tout le bien eſt ſaiſi réellement, & quand il auroit vendu la plus grande partie du fonds pour auoir moins à payer annuellement, ce qui luy reſteroit ne produiroit pas dequoy ſatisfaire à la deſpenſe de l'adminiſtration du peu de bien qu'il auroit dans le Royaume, auec l'appareil & la pompe exterieure d'vn eſtranger Souuerain: De ſorte qu'il n'y auroit point d'engagement d'intereſt qui le peuſt attacher à la France, au lieu que la Royne de Pologne & la Princeſſe Palatine ayans la ſucceſſion de leur pere, ſeroient payées par elles-meſmes ſans faire de vente, ſatisferoient par leur œconomie les creanciers, & conſerueroient le bien & la Maiſon de Neuers, pour la continuer en France par leur poſterité, c'eſt le deſſein de la pourſuite qu'elles font, *vt liceat ſupereſſe nepotes*. Les François zelez pour leur patrie contre les eſtrangers ſouhaittent de la generoſité & integrité du Parlement, que par la iuſtice de ſon Arreſt il faſſe cognoiſtre à tous ceux qui reſiſtent aux loix de l'Eſtat, qu'apres tant de circuits & de deſtours dont a vſé le Duc Mantoüe pour paruenir obliquement à ſes fins, *Quod præcipiti via rectum deſerit ordinem latos non habet exitus*, & que la Royne de Pologne & la Princeſſe Palatine eſtans reſtablies dans les biens de leur pere, les reprennent auec cét auantage, que le trouble qu'elles ont ſouffert, & la longue patience auec laquelle elles ont attendu iuſtice du Parlement, leur donne occaſion de dire auec le Poëte, *Nunc & damna iuuant, ſunt ipſa pericula tanti, ſtantia non poterant tecta probare Deos.* Partant a conclu à ce que ſur l'appel des ſaiſies réelles il fuſt dit qu'il auoit eſté mal & nullement procedé, & ſur l'appel des Sentences des Requeſtes du Palais les appellations & ce dont auoit eſté appellé fuſſent miſes au neant, en emendant & ayant eſgard aux Lettres & icelles enterinant, les parties fuſſent remiſes en tel eſtat qu'auparauant les actes dont eſt queſtion; la Royne de Pologne & la Princeſſe Palatine receués en tant que befoin feroit oppofantes à l'execution de l'Arreſt du 23. de Feurier 1646. & en ce faifant elles fuſſent maintenuës & gardées, auec deffences au Duc de Mantouë de les troubler en la poſſeſſion & iouïſſance des biens ſituez en France de la ſucceſſion du feu Duc de Mantouë leur pere, le Duc de Mantouë condamné à leur en rendre & reſtituer les fruicts par luy perceus, ſur leſquels deduction feroit faite de ce qu'il iuſtifieroit auoir payé à la Princeſſe Palatine, & aux creancers de la ſucceſſion du feu Duc de Mantouë.

DIDIER POVR LEDIT SIEVR DVC DE MANTOVE, intimé & defendeur. A DIT, Qu'en cette cauſe toute illuſtre, tant par la confideration des parties que du ſujet de leurs conteſta-tions, il a cét aduantage qu'il eſt porteur d'vn Arreſt qui a deci-dé leurs differens, au preiudice duquel il y a d'autant moins de ſujet de plaider maintenant, que l'Arreſt a eſté prononcé par le Roy à prefent regnant, en ſuitte de l'euocation que le defunct Roy auoit faite à ſa perſonne du differend des parties, rendu ſur la meſ-me conteſtation que l'on a agitée en la Cour, qui a duré huict an-nées entieres au Priué Conſeil du Roy: apres vne inſtruction faite par huict de Meſſieurs les Conſeillers d'Eſtat, au rapport de Mon-ſieur le Chancelier; par l'aduis de la Royne, de Monſieur le Duc d'Orleans, de defunct Monſieur le Prince de Condé, ſur les meſmes pieces & moyens qui ont eſté repreſentez donné, du conſentement de la Royne de Pologne & de Madame la Princeſſe Palatine par elles accepté pource qu'il leur eſt aduantageux, ſuiuy de pluſieurs autres Arreſts donnez en la Cour entre les parties, & executé par pluſieurs actes authentiques, pendant ſix années entieres: De for-te que l'euenement de la conteſtation donr la nouuelle a paſſé dans les pays eſtrangers, & dont la decifion eſt attenduë de tous les Princes Souuerains de l'Europe, n'intereſſe pas ſeulement Mon-ſieur le Duc de Mantouë qui eſt ſon vaſſal, à cauſe des Duchez de Niuernois, Rethelois & Mayenne; mais auſſi l'authorité du Roy: C'eſt pourquoy Mr le Duc de Mantouë qui a le cœur & le ſang tout François, croiroit manquer au reſpect qu'il doit au Roy s'il ſe depar-toit de l'aduantage d'vn Arreſt ſi ſolemnel. Il eſt conſtant au faict que defunct Monſieur le Duc de Mantouë pere des Dames Princeſſes appellantes, & ayeul de Monſieur le Duc de Mantouë intimé, ar-riua en Italie au mois de Ianuier de l'année 1628. pour recueillir les Eſtats Souuerains de Mantoüe & de Montferrat qui luy ap-partenoient par le decez du Duc Vincent II. du nom ſon couſin, comme ſon plus proche heritier maſle, capable de luy ſucceder. Il eſt de la notorieté de noſtre Hiſtoire que non ſeulement le defunct Roy Louis le Iuſte donna ſon conſentement à defunct

Monſieur le Duc de Mantouë pour paſſer en Italie ; mais auſſi
l'aſſiſta de ſes forces & de ſes armes pour le conſeruer dans ſes
Eſtats Souuerains contre l'vſurpation que l'ennemy de cette Couronne en vouloit faire, qui ne pouuoit ſouffrir qu'vn parent du
Roy, ſon ſubjet & ſon vaſſal fuſt Duc de Mantouë & de Montferrat, & eſt encor de la notorieté publique que le defunct Roy
preuoyant les ſeruices & les aſſiſtances que defunct Monſieur le
Duc de Mantouë luy pourroit rendre par le moyen de ſes Eſtats,
dans les deſſeins qu'il auoit en Italie quand il ſeroit Duc de Mantouë & de Montferrat, donna ordre au ſieur de S. Chaumont ſon
Ambaſſadeur vers ledit Duc Vincent II. de conclure le mariage
de Madame la Princeſſe Marie fille du Duc François II. du nom
auec defunct Monſieur le Prince de Mantouë, fils aiſné dudit defunct ſieur Duc de Mantoüe, que l'on appelloit en France Duc de
Rethelois, pour aſſeurer entierement à defunct Monſieur le Duc
de Mantoüe la ſucceſſion deſdits Eſtats Souuerains & des autres
biens, lors qu'il plairoit à Dieu de diſpoſer de la perſonne dudit
Duc Vincent II. Ce mariage qui a duré peu de temps a eſté diſ-
ſolu par le predecez de defunct Monſieur le Prince de Mantoüe
arriué en l'année 1631. qui a laiſſé deux enfans : Sçauoir Monſieur
le Duc de Mantoüe intimé, & Madame la Princeſſe Eleonore maintenant Imperatrice. Comme defunct Monſieur le Duc de Mantoüe eſtoit vn ſage & preuoyant Prince dans le gouuernement
de ſes Eſtats, & vn bon pere en la conduite de ſa famille, dans le
deſſein de preuenir les conteſtations qui pourroient arriuer apres
ſon decez pour le partage des biens qu'il poſſedoit en ce Royaume, il a fait ſon Teſtament olographe entierement eſcrit & ſigné de
ſa main le 15ᵐᵉ iour d'Aouſt de l'année 1634. par lequel apres pluſieurs
diſpoſitions pieuſes & particulieres dignes d'vn grand Prince, il a
ordonné du partage de ſes biens; & pour obliger les Dames Princeſſes appellantes ſes filles de demeurer en France, où il les auoit
laiſſées pour gages de ſon affection & fidelité enuers le Roy, il leur
a donné pour leurs partages dans ſadite ſucceſſion des terres ſituées en France & des rentes deües par le Roy, qui ſont deſignées
par ſondit Teſtament, qui porte qu'en cas que l'vne d'elles fuſt
recherchée en mariage par vn Empereur, Roy, fils ou frere d'vn
grand Roy, en ce cas il vouloit qu'elle fuſt aduantagée d'vne ſomme de 300000. liures outre ledit partage de terres & de rentes, & a
nommé par ce meſme Teſtament Monſieur le Duc de Mantoüe
ſon petit fils, l'aiſné de ſa Maiſon, ſon ſeul & vniuerſel heritier en
tous ſes Eſtats Souuerains d'Italie, en ſa ſouueraineté d'Arches &
de Charleuille, & en ſes Duchez de Niuernois, Rethelois, Mayenne

&

& autres terres fituées en France, & à la fin il a fupplié le defunct
Roy, & l'Imperatrice Eleonor la Doüairiere qui eftoit fœur dudit
defunct Duc Vincent II. de vouloir par leur auctorité faire executer
fondit Teftament, lequel il a confirmé par vn Codicille qu'il a fait
au mois de May de l'année 1617. peu de temps auant fon decez,
apres lequel les Dames Princeffes appellantes fe font mifes en poffeffion de tous les biens que defunct Monfieur le Duc de Mantoüé
leur pere poffedoit en France contre les termes de fondit Teftament,
& pour auoir quelque couleur & pretexte de leur vfurpation dautant plus iniufte qu'elle eftoit contre l'ordre eftably par les Couftumes du Royaume, contre la volonté & derniere difpofition de defunct Monfieur le Duc de Mantoüé leur pere, & contre les droicts
du fang & de la nature, fe preualans de l'abfence & du bas aage
de Monfieur leur nepueu, pendant le temps qu'il eftoit occupé à
rendre les derniers honneurs qu'il deuoit à la memoire de defunct
Mr le Duc de Mantoüé fon ayeul, & à mettre les ordres neceffaires
pour la conferuation de fes Eftats Souuerains d'Italie, elles ont
obtenu deux Arrefts, le premier au Confeil Priué du Roy le 30.
Auril de l'année 1638. & le fecond en la Cour du 8me iour de Iuin
enfuiuant, par lefquels elles ont fait ordonner qu'elles iouïroient
des biens dont eft queftion par prouifion. Mais outre que ces deux
Arrefts ne font que des Arrefts de prouifion, qu'ils ont efté donnez fans prejudice des droicts des parties, ils ont efté rendus fur
les feules Requeftes des Dames Princeffes appellantes, fans ouïr
ny appeller Monfieur le Duc de Mantoüé, fans cognoiffance de
caufe & par furprife, & par confequent elles n'en peuuent tirer aucun aduantage en la prefente conteftation contre Monfieur le Duc
de Mantoüé, lequel ayant fatisfait aux deuoirs aufquels il eftoit
obligé enuers la memoire de defunct Monfieur fon ayeul, & ayant
eftably les ordres neceffaires dans fes Eftats Souuerains d'Italie,
fuiuant les fages & prudens confeils de Madame fa Mere a enuoyé
en France le defunct fieur Euefque de Cazal Ambaffadeur vers le
Roy, & pour prendre poffeffion des biens dont eft queftion &
ayant veu que les Dames Princeffes fes rantes non contentes des
grands partages, qui leur auoient efté donnez par la difpofition
& derniere volonté dudit defunct fieur Duc de Mantoüé leur pere,
vouloient pretendre la proprieté de tous les biens qu'il poffedoit
en France, & l'en exclure entierement fous pretexte qu'il eft né en
Italie, il fuft obligé pour conferuer les biens dont il s'agit, qui luy
appartiennent & comme heritier legitime de Monfieur fon ayeul, & en
vertu de fon Teftament, d'auoir recours à la Iuftice du defunct Roy, où
les Dames Princeffes appellantes s'eftoient elles-mefmes pourueuës

N

auant que de venir à la Cour, & le defunct Roy ayant confideré
que le Confeil eftoit faifi de cette contestation ; par la Requefte
que les Dames Princeffes appellantes y auoient prefentée, fur laquelle elles auoient obtenu ledit Arreft du 30. Auril de l'année 1638.
& que d'ailleurs il eftoit queftion entre les parties de la fucceffion d'vn Prince Souuerain, en laquelle vn Prince Souuerain, allié
& confederé de cette Couronne eftoit intereffé ; il a euoqué à fa
perfonne ledit different par vne Lettre de cachet, qui eft enoncée
& dattée dans l'Arreft dont il fera parlé cy-apres, & qui a efté communiquée & en fuitte a nommé huict Confeillers d'Eftat pour in-
ftruire ladite contestation à cause de la confequence d'icelle, &
enfin apres huict années entieres de procedures fur le rapport de
Monfieur le Chancelier, il a pleu au Roy à prefent heureufement
regnant de iuger ladite contestation par vn Arreft qu'il a rendu
le 7.me Nouembre de l'année 1645. par lequel il a declaré tous les
biens de la fucceffion dudit defunct fieur Duc de Mantoüe, &
par luy poffedez en ce Royaume, appartenir à Monfieur le Duc
Mantoüe fon petit fils & fon heritier legitime & teftamentaire, à
la charge de payer à la Royne de Pologne pour fa dot la fomme
de 150000. liures, à laquelle de fon confentemens ont efté liquidez tous les droicts fucceffifs mobiliers & immobiliers, tant paternels que maternels qu'elle pouuoit pretendre, & à la Dame
Princeffe Palatine la fomme de 1200000. liu. & de payer par Monfieur le Duc de Mantoüe toutes les debtes des fucceffions tant
paternelle que maternelle, & ordonné que toutes Lettres Patentes
feroient expediées au profit de Monfieur le Duc de Mantoüe pour
eftre verifiées en la Cour, & en la Chambre des Comptes, en fuitte
duquel Arreft il a pleu au Roy de donner fes Lettres de Decla-
tion du mois de Ianuier de l'année 1646. par lefquelles il a recogneu & declaré Monfieur le Duc de Mantoüe & Madame la
Princeffe Eleonor, à prefent Imperatrice fa fœur, habiles & capables
d'auoir, tenir, poffeder & acquerir en ce Royaume tous biens
meubles & immeubles, & de requerir tous les autres biens qui leur
pourroient efcheoir les tenans pour Regnicoles, comme eftans if-
fus de pere, & ayeul François originaires du Royaume, & difpenfez de la demeure & habitation en iceluy, & declarez habiles &
capables d'ordonner & difpofer par teftament, donation entre-vifs,
ou autrement, de tous les biens qu'ils poffedent prefentement, &
pourroient poffeder à l'aduenir dans le Royaume en faueur de leurs
enfans defcendans & afcendans, que le Roy declare par lefdites Lettres tenir, & reputer pour Regnicoles, tout ainfi que s'ils eftoient
nez, & demeuroient actuellement dans le Royaume, les ayans à cet-

effect habilitéz & difpenfez, comme encor en faueur d'autres leurs
heritiers & fuccefleurs parens, ou telles perfonnes que bon leur
fembleroit pourueu qu'ils fuffent Regnicoles, fans qu'ils puiffent à
l'aduenir eftre troublez en la iouïffance defdits biens, fous pretexte
du droict d'Aubeine, ou autrement, lefquelles Lettres ont efté verifiées par la Cour par Arreft donné auec Monfieur le Procureur
general le 23. Feurier de l'année 1646. & regiftrées en la Cambre
des Comptes, en execution defquels Arrefts lefdites Dames Princeffes appellantes ont quitté & abandonné la iouïffance de tous les
biens que ledit defunct fieur Duc de Mantouë poffedoit en France,
defquels Monfieur le Duc de Mantoüe a pris poffeffion par fes
Ambaffadeurs & Agens qu'il a enuoyez en France, & a ioüy paifiblement d'iceux pendant trois années entieres, iufques au mois de
Feurier de l'année 1649. que ladite Dame Princeffe Palatine prenant aduantage des troubles qui eftoient en France & particulierement en cette ville de Paris, a prefenté fa Requefte à la Cour, par
laquelle elle a demandé eftre maintenüe & gardée en la poffeffion, &
iouïffance defdits biens dont il s'agift, & fur cette Requefte a fait mettre vne Ordonnance de parlent fommairement les parties, voulant
faire vne inftance fommaire d'vne affaire de cette haute importance,
& caffer vn Arreft folemnel de la qualité de celuy du 7me Nouembre de l'année 1645. Ladite Dame Princeffe Palatine a affecté le
mois de Feurier de l'année 1649. pour prefenter ladite Requefte,
& de vouloir contre les Reglemens de la Cour faire vne inftance
fommaire de la prefente conteftation, pource qu'elle preueut bien
deflors, qu'elle ne pouuoit faire reüffir vne pretention de cette qualité qu'en vn temps de trouble & de defordre, & dans vne pre-
cipitation extraordinaire : Mais le Roy ayant eu aduis de ladite
Requefte, comme par ledit Arreft du 7me Nouembre de l'année
1545. Il s'eftoit referué à fa perfonne la cognoiffance de tous les
differens qui furuiendroient entre les parties en execution d'iceluy, il a impofé filence à ladite Dame Princeffe Palatine fur ladite
Requefte par elle prefentée à la Cour par Arreft du mois de Mars
de la mefme année 1649. depuis lequel ladite Dame Princeffe Palatine ayant fufcité vne faifie réelle defdits biens contentieux, pour
auoir vn pretexte de porter la caufe en cette Audience, les Dames
Princeffes appellantes en ont interjetté appel, fur lequel il efcher
de prononcer s'il plaift à la Cour, qu'elles fondent fur ce qu'elles
difent que ladite faifie réelle n'a point deu eftre faite fur Monfieur le Duc de Mantoüe, qu'elles pretendent n'eftre point proprietaire defdits biens dont il s'agift, mais qu'ils leur appartient, & ont fait inferer deux claufes dans lefdites Lettres, l'vne

L

pour eſtre maintenuës & gardées en la poſſeſſion & iouyſſance de
tous les biens dudit defunct ſieur Duc de Mantoüe, & l'autre pour
eſtre reſtituées contre tous les actes approbatifs qu'elles ont faits
en execurion deſdits Arreſts des 7ᵐᵉ Nouembre 1645. & 23ᵐᵉ Feurier
1649. & ſur le Barreau leſdites Dames Princeſſes appellantes ont
formé oppoſition à l'execution dudit Arreſt de verification du
23ᵐᵉ Feurier de l'année 1646. auſquelles appellarions, demandes,
lettres & oppoſition conſiſte la conteſtation d'entre les parties,
auſquelles Monſieur le Duc de Mantoüe ſouſtient leſdites Dames
Princeſſes appellantes non receuables, dautant que leur pretention abourit à dire qu'elles ſont ſeules heritieres dudit defunct
ſieur Duc de Mantoüe leur pere, & que Monſieur le Duc de Mantoüe leur nepueu eſt incapable d'y rien demander ſous pretexte
qu'elles diſent qu'il eſt né hors du Royaume, d'où elles inferent
qu'il ne peut pretendre les biens dont eſt queſtion qui ſont ſituez
en France à cauſe de la loy d'Aubeine, dans laquelle pretention
leſdites Dames Princeſſes appellantes ne ſont pas receuables par
pluſieurs raiſons. LA PREMIERE eſt fondée ſur l'authorité dudit Arreſt du 7ᵐᵉ Nouembre de l'année 1645. prononcé par le Roy,
par l'aduis de la Royne Regente ſa Mere, de Monſieur le Duc
d'Orleans, de defunct Monſieur le Prince de Condé & de pluſieurs
autres grands & notables perſonnages du Royaume, donné au
rapport de Monſieur le Chancelier receu par vn Secretaire des com-
mandemens, en ſuite d'vne inſtruction faite par huict de Meſſieurs
les Conſeillers d'Eſtat ſur vne conteſtation qui a duré huict années
entieres. Comme il n'y a point en la Iuſtice de fin non receuoir plus
puiſſante que celle qui reſulte de l'auctorité des choſes jugées, il n'y a
point d'apparence ſauf correction d'entendre à preſent les meſmes
pretentions des Dames Princeſſes appellantes apres vn Arreſt ſi ſolemnel de la qualité de celuy du 7ᵐᵉ Nouembre de l'année 1645. qui a
eſté prononcé par le Roy, *Quod Principi placuit legis habet vigorem*,
dit la loy 1. *D. de conſtit. Principum*, & la loy 2. *de Leg. & Conſtitut. Prin-*
cipum, non ſeulement ne veut pas que l'on conteſte contre le Decret emané de l'Empereur, mais meſme note d'infamie, celuy qui
entreprend vne conteſtation de cette qualité, encor que par la diſpoſition de la loy Royale, dont il eſt fait mention en ladite loy
premiere *de Conſtitut. Princ.* l'Empereur n'eut autre puiſſance que
celle que le peuple luy auoit defferée: Mais comme les Rois de France ont vne puiſſance pleine & abſoluë, qu'ils ne dependent que de
Dieu ſeul, qui les a eſtablis les premiers Iuges de leur Royaume,
on ne peut eſcouter maintenant les pretentions des Dames Princeſſes appellantes apres vn Arreſt ſi ſolemnel qui les a decidées.

Non

Non seulement les Rois sont les veritables & les premiers Iuges de leur Royaume, mais aussi le peuple de Dieu ne luy a demandé des Rois, & Dieu n'en a establay que pour rendre la Iustice à leurs Subjets, *Constitue nobis Regem qui iudicet nos*, & la saincte Escriture parlant de Salomon dit, *Posuit te super thronum Israël eo quod dilexerit Dominus Israël in sempiternum, & constituit te Regem vt faceres Iudicium & Iustitiam* : Et ce mesme Roy pour se bien acquitter de ce premier & important poinct de la Royauté, demanda à Dieu la sagesse, *Dabis seruo tuo cor docile, vt populum tuum iudicare possit, & discernere inter bonum & malum*, & au liure des Iuges les noms de Rois & de Iuges sont souuentesfois confondus, & les Rois sont appellez par Homere Δικασπόλοι: Cette souueraine intelligence qui donne le repos & le mouuement aux Estats, prononce cet oracle par la bouche du plus Auguste des Rois, *les Rois iugent par moy, & les Princes ordonnent la Iustice* pour faire cognoistre que la principale fonction des Rois est de rendre la Iustice à ceux que Dieu a soufmis à leurs puissances, & que l'on n'est pas recevable de contester apres leurs iugemens; car encor que les Roys ayent constitué des Parlemens & des Iuges inferieurs pour rendre la Iustice à leurs Subjets, ils ne se priuent pas neantmoins de l'auctorité de la rendre quand il leur plaist, principalement en des occasions importantes à l'Estat, car comme dit Maistre Charles du Moulin *formalis & essentialis virtus, Regis, est iurisdictio, quæ prorsus de se est inabdicabilis à Rege, manente Rege, nec est separabilis à Regia dignitate, sine sui, velut subjecti corruptione*, & par apres il adjouste, *& eadem ratione non potest Rex abdicare totam administrationem Iurisdictionis, seu potestatis Regiæ, alioquin quod constitueret Iudices, tot faceret Reges.* Moise ne pouuant suffire à iuger tous les differens du peuple que Dieu luy auoit commis, institua au desert le Senat des Septantes, appellé le Sanhedrin, ausquels l'Escriture dit que Dieu départit vne partie de l'esprit & de la sapience de ce premier Legislateur, mais la mesme saincte Escriture dit que Dieu luy reserua des lumieres extraordinaires, pource qu'il demeura Iugé des chefs & des principaux des Tribus d'Israël. Et comme Dieu fait quelquesfois des choses par soy-mesme, encor que par sa prouidence diuine il ait ordonné des causes secondes pour la conduite du monde, qui ne se plaignent point quand elles se voient empeschées dans leurs mouuemens & operations ordinaires par la force du bras qui leur a donné la vertu, & que les Philosophes disent que *Species extracta à genere non facit perire genus*, ainsi les Compagnies Souueraines n'ont point suject de se plaindre quand les Rois par des considerations importantes à l'Estat, euoquent à leurs personnes les differens lesquels

Reg. 1. cap. 8.

§. 1. gl. 4. num. 18. sur l'ancien. Coust. de Par.

O

les Princes Souuerains alliez de leurs Couronnes se trouuent interessez. Toute la Iustice qui se rend dans vn Royaume se rend
sous le nom & auctorité du Roy, ou mediatement, ou immediate-
ment: C'est pourquoy les Iuges dans la Grece portoient au deuant
de leurs robes de iudicatures les figures des Empereurs, & les Romains mettoient les statuës & les images des Princes & des Empereurs aux lieux où l'on rendoit la Iustice, & les Proconsuls &
Gouuerneurs des Prouinces les portoient tousiours auec eux *inter*
insignia Imperij, comme dit Auzone *tanquam obsequij vinculum* qui
rendoient les hommes *fractiores ad parendum*, & c'est par cette raison qu'en France toutes les Compagnies Souueraines pour rendre
leurs iugemens executoires font mettre au commencement de leurs
Arrests le nom & la qualité du Roy, & les font seeller à la fin du
seau de ses armes. il seroit facile de rapporter plusieurs exemples
de iugemens semblables à celuy rendu entre les parties, tant de
l'Histoire saincte que prophane, des Histoires anciennes & modernes: il est dit dans l'Exode que *Moyses fecit omnia quæ illi suggesserat*
Deus, & electis viris strenuis de cuncto Israël, constituit eos Principes populi
Tribunos, Centuriones, Quadragenarios & Decanos, qui iudicabant plebem
in omni tempore, quid quid autem grauius erat referebant ad eum, faciliora
tantum modo iudicabant. Encor que le Roy de Pologne ne soit qu'e-
lectif, que la Pologne soit gouuernée par Republique, neantmoins
aussi-tost que le Roy est proclamé par l'Archeuesque de Gnesne
sur l'eslection que la Noblesse en a faite au Senat, il deuient Iuge
Souuerain des crimes des Nobles, sans que le Senat de Cracouie
en puisse prendre cognoissance; A Rome le Pape euoque de la
Rote à sa personne toutes les affaires dans lesquelles les Princes Souuerains se trouuent interessez. Mais comme il n'y a point de Monarques sur la terre qui ayent plus affectionné de rendre la Iustice
que nos Rois, & que l'on peut dire d'eux ce que Iulien l'Apostat
disoit de l'Empereur Constantius, ils viuent & iugent non pas comme des Rois qui commandent aux Loix, mais comme des simples
Citoyens qui obeyssent aux Loix, καθάπερ πολίτης τοῖς νόμοις ὑπάρχων
ἀλλ' ὁ Βασιλεὺς τῶν νόμων ἄρχων. Et de faict que nos Rois seuls entre
tous entre les Princes de la terre portent outre le sceptre, la main
de Iustice: C'est pourquoy ce seroit en quelque façon manquer au
respect qui leur est deub de chercher dans les Histoires estrangeres
des exemples de iugemens semblables à celuy qui a esté prononcé
par le Roy le 7.me Nouembre de l'année 1645. Et comme entre les
familles les plus illustres du Royaume celle des parties qui est des-
cenduë des Maisons de Bourbon, Bourgongne, Alençon & d'Artois y a tousiours tenu les premiers rangs, nos Rois en ont eu vn

Ciceron en sa
7.me Oraison
contre Ver-
res, l. 1. C. de
Statuis.

c. 18. vers. 24

cap. de causf.
in concord.

Orat. 1.a

foin particulier , & ont voulu prendre cognoiffance de leurs differens dans les occafions importantes : C'eft pourquoy il fuffit en
cette rencontre de rapporter quelques iugemens rendus par nos
Rois en des affaires moins confiderables que celle dont eft queftion , pour faire cognoiftre à la Cour que l'Arreft prononcé par le
Roy entre les parties n'eft pas le premier de cette qualité dans leur
famille. Nos Hiftoriens ont remarqué le iugement qui fut donné
par le Roy Philippes le Bel en l'an 1309. pour raifon du Comté *Tholofanus de*
d'Artois, fur la conteftation qui fut meuë apres le decez de Robert *Repub. lib. 7.*
II. Comte d'Artois, qui fut tué en la bataille de Courtray en l'an *num. 21.*
1302. Entre Mahault d'Artois fa fille , femme d'Othon IV. Comte
Palatin de Bourgongne d'vne part , & Robert d'Artois fon petit
fils, Comte de Beaumont le Roger fon nepueu, fils de Philippes
d'Artois Seigneur de Conches & de Blanche de Bretagne d'autre,
lequel iugement prononcé par le Roy fut fuiuy d'vn Arreft du Parlement de l'an 1318. Le Roy Louis XIme voulut eftre le Iuge du dif- *Ste Marthe*
ferent pendant en ce Parlement entre Iean Duc de Bourgongne, *en fon Hift.*
& Iean Comte de Neuers, pour raifon du Duché de Brabant qu'il *liu. 2. ch. 11.*
adjugea au Comte Iean par Arreft prononcé au chafteau des Mon-
tils-les-Tours en l'an 1446. Le Roy François I. a euoqué à fa perfonne par Lettres Patentes du premier iour de Decembre de l'an 1540.
le differend qui s'eftoit meu entre Madame Françoife d'Alençon
Ducheffe de Vendofmois , & Madame Anne d'Alençon fa fœur
Marquife de Monferrat, à caufe du Comté d'Armagnac, quoy que
la conteftation qui eftoit entre ces deux Princeffes fuft furuenuë
en execution d'vne Sentence renduë aux Requeftes du Palais , &
d'vn Arreft donné contradictoirement en la Cour entr'elles, comme il paroift par vne tranfaction faite entre fes deux fœurs Princeffes qui a efté communiquée. François de Cleues qui auoit efpoufé Madame Marguerite de Bourbon n'ayant laiffé que des filles
auoit fait vn Teftament, par lequel il auoit ordonné le partage de
fes biens entre lefdites filles. Le Roy Charles IX. ayant eu aduis
que fes Princeffes filles de François de Cleues vouloient contefter
contre la difpofition paternelle voulut eftre le Iuge de leurs differens, & les euoqua à fa perfonne par Lettres Patentes du 10me *Du Tillet en*
Feurier de l'an 1565. Apres la mort de Iean de Bourgongne Comte de *la feconde*
Neuers, de Rethel & Baron de Douzy, il y eut conteftation pour *branche de*
raifon des Comtez de Neuers & de Rethel, qui lors n'eftoient point *Bourg.*
encor erigez en Duchez entre Engilbert de Cleues fils puifné de *Me René*
Iean Duc de Cleues & Elizabeth de Bourgongne fille aifnée de Iean *Chopp.*
de Bourgongne Comte de Neuers d'vne part , & de Charlotte de *de doman.*
Bourgongne femme de Iean d'Albret Sire d'Orual fille puifnée dudit *lib. 1. tit. 2.*
Ste Marthe

Hift.liu. 12.
chap. 11.
Et Coquille
en fon Hift.de
Niuern. rap-
portent cette
conteftation.

Comte Iean d'autre. Charlotte de Bourgongne fe fondoit premierement fur la donation qu'elle difoit luy auoit efté faite des
Comtez de Neuers & de Rethel par le Comte Iean fon pere, & fur
les mefmes moyens qu'alleguent auiourd'huy les Dames Princeffes appellantes, & principalement fur ce qu'Engilbert de Cleues
fon nepueu eftoit eftranger, & pretendoit en confequence qu'il
eftoit incapable de fucceder aux Comtez de Neuers & de Rethel,
que ledit Engilbert de Cleues fouftenoit luy appartenir comme
reprefentant Elizabet de Bourgongne fa mere, nonobftant la pretenduë donation alleguée par ladite Charlotte fa tante, qu'il fouftenoit n'eftre point confiderable pour les raifons qu'il deduifit,
qui font inutiles en la prefente conteftation, & qu'il ne pouuoit
eftre reputé aubain & eftranger, puis qu'il auoit l'honneur d'eftre
parent du Roy Louis XII.me lors regnant, qui luy adiugea lefdits
Comtez de Neuers & de Rethel par fon iugement du 5.me Octobre
de l'an 1504. lequel depuis a efté omologue en la Cour. Que fi deflors la qualité d'aubain & d'eftranger & le deffaut d'incolat euffent
efté capables d'exclure Engilbert de Cleues de la fucceffion de fon
ayeul & des Comtez de Neuers & de Rethel, qui font partie de la
prefente conteftation, les Dames Princeffes appellantes ne feroient
pas a prefent en Eftat de contefter la proprieté des biens dont il
s'agit, pource qu'ils ne font paffez de la Maifon de Bourgongne en
celle de Cleues que par cet Engilbert, & de celle de Cleues par
fucceffion en celle de Gonzagues, où ils font maintenant. De
forte qu'apres tant d'Arrefts femblables rendus en la famille mefme
des parties, il n'y a plus d'apparence de vouloir par les Dames Princeffes appellantes contefter contre l'Arreft du 7.me Nouembre 1645.
& de demander que la Cour en donne vn contraire à iceluy, *Refcin-*
dere Diuis, Non licet acta Deûm. LA SECONDE FIN DE NON RECEVOIR
eft fondée fur ce que ledit Arreft du 7.me Nouembre de l'année 1645.
a efté donné contradictoirement & auec grande cognoiffance de
caufe, fur vne conteftation qui a duré huict années entieres, apres
auoir veu les titres & les pieces des parties. De la part de la Royne
de Pologne & de Madame la Princeffe Palatine, on a reprefenté
au Roy tout ce que la Cour a entendu durant trois Audiences, &
ce long plaidoyé qui a efté fait pour les Dames Princeffes appellantes, n'eft qu'vne recapitulation des remonftrances qu'elles firent
lors au Roy, & fur lefquelles eft interuenu l'Arreft du 7.me Nouembre de l'année 1645. & lefquelles ont efté données au public. De la
part de Monfieur le Duc de Mantouë il fut reprefenté que lefdites
Dames Princeffes appellantes n'eftoient pas receuables de luy contefter la fucceffion de defunct Monfieur fon ayeul, mefme à l'efgard

des

des biens de France, puis qu'il en auoit diſpoſé à ſon profit par ſon Teſtament olographe du 15ᵐᵉ iour d'Aouſt de l'année 1634. la verité duquel ne peut eſtre reuoquée en doute , pource que tant de la part de Monſieur le Duc de Mantouë, que de celle des Dames Prin-ceſſes appellantes, on en a mis des copies authentiques chacun ſelon ſes fins entre les mains de Monſieur le Chancelier, lors qu'il fit ſon rapport deuant le Roy de la conteſtation des parties, leſquelles co-pies ſont atteſtées eſtre conformes à l'original dudit Teſtament trou-ué au cabinet ſecret de defunct Monſieur le Duc de Mantouë apres ſon decez, eſcrit & ſigné de ſa main, ſeellé de ſes armes, & recogneu tel par les ſieurs Comtes Arriuaben & Strigge Secretaires de l'Eſtat de Mantouë, comme il eſt iuſtifié par le procez verbal de l'ouuerture qui fut ſolemnellement faite dudit Teſtament en la preſence du Senat de Mantouë & des ſieurs de la Tour qui lors commandoit les armées du Roy, & de Martinengue gouuerneur des troupes de la ſeigneurie de Veniſe : De ſorte que la verité de ce Té-ſtament (dont leſdites copies reſpectiuement produites par les par-ties ſont touſiours demeurées entre les mains de Monſieur le Chan-celier) ne peut eſtre reuoquée en doute, non plus que la validité d'iceluy, ayant eſté fait dés le 15ᵐᵉ iour d'Aouſt de l'année 1634. plus de trois ans auant le decez de defunct Monſieur le Duc de Mantouë, ἕως Teſtam̄. Gregᵘ τῷ φρονῶν, ſuiuant le conſeil que Platon donne aux hommes de faire Naz. Ep. leurs Teſtamens lors qu'ils ſont en bonne diſpoſition. Ce Teſta-ment qui eſt conceu dans vn ſtil heroïque , & que l'on peut dire particulier à defunct Monſieur le Duc de Mantouë, pource qu'il eſt releué en toutes ſes parties, au delà des termes ordinaires dont on ſe ſert en des diſpoſitions de cette qualité, & qu'il contient des ſenti-mens d'vn bon & ſage pere, & des diſpoſitions d'vn Prince pieux & courageux, a eſté entierement eſcrit de ſa main, ſuiuant l'aduis de l'Empereur Leon en ſa Nouelle 69. lequel genre de teſter eſt appellé par les Grecs diſpoſition ſecrete , μυϛικὴ διαθήκη κατὰ τὸν μυϛηριώδη Harmenop. τρόπον , & pour faire cognoiſtre à la Cour que defunct Monſieur liu. 5. tit. 1. le Duc de Mantouë a pluſieurs fois penſé & repenſé à cette ſienne diſpoſition, & qu'il y a perſeueré iuſques à la mort : il a confirmé ſon Teſtament par vn Codicille qu'il a fait trois ans apres , le 31ᵐᵉ May de l'an 1637. peu de iours auant ſon decez arriué le 20ᵐᵉ du mois de Septembre ſuiuant de la meſme année 1637. Et pour faire co-gnoiſtre qu'il a fait ces diſpoſitions dans des penſées de pieté & en conſcience : Il a voulu faire ſon Teſtament le iour de l'Aſſomption de la Vierge, & ſondit Codicille le iour de la Penteċoſte, & pour-ce que ledit defunct ſieur Duc de Mantouë a touſiours eu vn ſoin particulier de ſes biens de France, dont il s'agit maintenant,

P

& que ç'a esté principalement à cause d'iceux qu'il a fait ces dispositions, il les a redigées non point en la langue du pays où il les a
faites, mais comme il s'est tousiours conserué le cœur & les affections
Françoises, il a voulu que sa langue ait parlé le langage de son cœur:
La maxime que l'on a plaidée n'est point veritable que ledit defunct
sieur Duc de Mantoüe aye perdu par son esloignement de France & la
demeure qu'il a faite en Italie, la capacité qu'il auoit de naissance
pour tester & disposer des biens qu'il possedoit dans cet Estat: car
outre que sa sortie hors le Royaume a esté du consentement du Roy,
quand il auroit eu besoin de dispense pour tester, elle estoit expresse
par les Lettres Patentes accordées à defunct M* Ludouic de Gonzagues son pere en l'année 1550. *Ses enfans posterité & lignée née & à nai-*
stre, & tacitement en celles qu'il auoit obtenuës en l'année 1634. & que

Bacquet *plené*
ch. 73. nom.
11. ch. 39. no.
14. chap. 4.
nom. 6.

les Souuerains estrangers ne sont point sujects à la loy d'Aubeine,
il n'est pas vray generalement parlant qu'vn François naturel s'habi-
tuant hors le Royaume y deuienne estranger & intestable: Le droict
des Gens d'où procede la faction des Testamens resiste à cette proposition, & la raison naturelle mesme, pource que comme dit la Loy
6. *D. Ad Municip.* le caractere de l'origine est inseparable de la personne : c'est pourquoy le droict qui en procede ne se peut perdre
par aucune translation de domicile , & les Arrests de Buxi, Vanelli, &
& les autres alleguez ne sont point dans l'espece de cette cause,
pource que ces Testateurs n'estoient point des François naturels,
mais des estrangers naturalisez: Les freres du Capitaine Champ-
gaillard mort en Allemagne dont on a parlé furent preferez à ses enfans , non point par l'incapacité du pere, mais par l'inhabilité des

M* le Bret
decis. 7.
Bacquet ch.
40. nom. 6.

enfans qui estoient bastards. L'Arrest qui fut rendu contre Donat
Esclauon Dominicain, n'a pas iugé qu'il fust estranger comme on a
plaidé, quoy qu'il fust deserteur, habitué, naturalisé & mort en pays
ennemy, apres auoir seditieusement presché contre le Roy , mais
son testament fut cassé, pource qu'il auoit fait les vœux de Religion
qui luy auoient osté la faculté de tester, qui ne luy auoit peu estre
rendüe par des Lettres de naturalité , comme la fort bien re-

De Sac. Polit.
Lib. 3. *cap.* 1.
num. 28.

marqué Maistre René Choppin. Pothery qui auoit fait legitimer
sa fille naturelle , auoit changé de volonté par vn Testament
posterieur , contre lequel elle n'auoit pas droict de plaider , ainsi
qu'alleguent ceux qui citent cét Arrest. Et de mesme Gueton

Bacquet bast.
chap. 112.
nom. 4.

le fils, semblablement legitimé plaidoit contre le Testament de
Gueton son pere, & ainsi la Cour void que tous ses Arrests qui ont
esté alleguez ne peuuent estre appliquez au faict de cette cause:
Car c'est vne maxime constante en Droict *Inst. Quib. non est perm. fac.*
testam. que la faction de tester est libre à qui elle n'est point express-
ssement prohibée, & comme elle n'est point defendüe aux François

habituez hors le Royaume, & qu'au contraire il eſt meſme permis
à l'Aubein de teſter par vn vieil extraict de la Chambre des Comptes, Il eſt tráſcrit
& par quelques Couſtumes de la France, comme Vermand. art. 9. par Bacquet
&autres, on ne peut pas debattre le Teſtament de defunct Mon- ſup. cap. 3.
ſieur le Duc de Mantoüe qui n'eſt ſorty de France que par l'ag-
gréement du Roy, & qui a bien preueu qu'eſtant Prince Souuerain
d'Italie, il en receuroit de grands ſecours & aſſiſtances, & tant s'en
faut qu'il ait renoncé à la France quand il en eſt ſorty, au contraire il y a touſiours voulu conſeruer ſon ancien domicile auec des
meubles riches & precieux qu'il y a laiſſez, tant en l'Hoſtel de Neuers, que dans les villes de Neuers, Deſize, chaſteau de la Caſſine
& autres : il y a laiſſé les Dames Princeſſes appellantes ſes filles, &
meſme il a parlé de ſa ſepulture en France dans ſon Teſtament.
Dans cette pluralité de domiciles approuuée du Droict, la realité de
l'vn, n'empeſche pas la verité, & l'efficace de l'autre, par vn argument tiré de la loy *Senatores D. de Senat.* particulierement en vn pays de
confederation où la demeure ſert comme de ciment & de lien commun pour entretenir les alliances de la Couronne : & l'abſence de
defunct Monſieur le Duc de Mantoüe ſe peut meſme qualifier abſence pour le ſeruice de l'Eſtat, puis qu'il eſt public & notoire qu'il
n'a iamais perdu le cœur & les affections Françoiſes, qui ſont les
marques qui diſtinguent les veritables ciroyens d'auec les eſtrangers, & par conſequent il n'a point perdu la qualité de François
naturel, ny les droicts qui luy appartenoient de naiſſance, & ſous
pretexte qu'il a transferé ſon domicile en Italie pour vn ſujet ſi
honorable, ſi vtile & ſi aduantageux à la France, on ne peut pas
conteſter ſon Teſtament olographe qui ne contient outre les diſpoſitions pieuſes & particulieres qu'vn partage entre ſes enfans.
Ces diſpoſitions ont touſiours eſté fauorablement receües, l'v-
ſage en eſt recommandé dans les ſainctes Lettres, elles ſont au- *Eccleſiaſt. cap.*
thoriſées par les loix Romaines, approuuées par l'ancien Droict *33. verſ. 24.*
de la France, par les Capitulaires de l'Empereur Charleſmagne, *L. Si filia 20.*
qui meſme les pratiqua par ſon Teſtament, receües par les Cou- *§. Pater. D.*
ſtumes de la France, & entre autres en celle de Neuers, auctoriſées *fam. erciſ.*
par les Arreſts & frequentes dans la famille des parties ; car Philip- des vieilles
pes le Hardy fils de France Comte de Bourgongne, & Marguerite formules que
Comteſſe de Flandres ſa femme en vſerent de la ſorte dans le par- Monſieur Bi-
tage de leurs ſucceſſions entre leurs trois fils, Iean, Anthoine &Phi- gnon a miſes
lippes : Iean de Bourgongne entre ſes filles, Elizabeth & Charlotte: apres celles
Et François de Cleues entre ſes deux fils & trois filles; Enfin ſi fauora- du Moine
bles qu'elles ne ſe reglent point par la diſpoſition du Droict poſi- Marculphus,
tif, mais du naturel ſeulement, en ſorte que la preuue de la ſeule *ad veter. form.*
cap. 21.

volonté d'vn pere, suffit pour les valider sans aucunes solemnitez
qui sont mesprisées en ces rencontres par les loix *Filij* 16. *Hac con-*
sultissima 21. §. 1. C. *de Testam.* Non seulement les Dames Princesses
appellantes ne peuuent pas dire que defunct Monsieur le Duc de
Mantoüe leur pere fust estranger pour donner atteinte à son Testament, mais elles ne sont pas receuables d'objecter à Monsieur le
Duc de Mantoüe leur nepueu cette mesme qualité d'estranger
pour l'empescher de succeder, puis que l'vne est mariée à vn Roy
de Pologne & l'autre au Prince Edoüard de la Maison Palatine de
Bauieres, qui sont estrangers non seulement de naissance, mais d'origine & d'engagement. Et encor qu'entre les estrangers la condition
soit égale pour la faculté de succeder dans le Royaume, neantmoins
tant s'en faut que la Royne de Pologne merite quelque faueur plus
particuliere à cause de la Pologne, que Mr le Duc de Mantoüe à cause
de l'Italie, comme l'on a plaidé : au contraire, soit que l'on considere la proximité, le voisinage & les alliances de nos Rois & Princes
de France dans l'Italie, les habitudes & les correspondances qu'ils y
ont tousiours euës, & ont interest d'y conseruer par les raisons d'Estat
& particulieres, soit que l'on considere que l'Italie a esté autresfois
le Siege de l'Empire du monde, & qu'il l'est maintenant de la
Religion. Il est certain que l'Italie doit estre beaucoup plus consi-
derée en France que la Pologne : les mauuaises influences que pro-
duisent les constellations malignes qui dominent en ce pays, rendent ce peuple qui est proche voisin des Tartares, des Turcs & des
Moscouites, ennemis du repos & de la tranquillité, nous en auons
ressenty depuis deux ans les malheureux effects par les cruautez, vols
& sacrileges que ce peuple Septentrionnal a commis aux enuirons
de cette ville de Paris, ce vent sec & froid de l'Aquilon qui regne
dans ces vastes pleines de la Pologne est la source de toutes les maladies aiguës & fascheuses, & des sterilitez que nous ressentons quelquefois en ce pays, & au contraire ce vent chaud & humide du Midy
est la cause de l'abondance & de la fecondité de la France: C'est pourquoy l'Epouse dans le Cantique ne demande pas le souffle du vent
impetueux & turbulent de l'Aquilon, mais celuy du doux & benin du
Midy, *Veni Auster, persla hortum meum, & fluent aromata illius*; Et les Peres sur ce passage disent que le vent de l'Aquilon est le Hyeroglyphe
de la perfidie & de la tromperie, & le vent du Midy le simbole de la
candeur & de la fidelité, ce qui peut estre appliqué auec iustice à l'Italie, & à la Pologne d'où procedent ces deux vents à nostre égard. Mais
pour quitter cette digression, dans laquelle on a esté obligé d'entrer pour repousser des mauuaises paroles qui ont esté dites inutile-
ment en cette cause, & rentrer dans la contestation particuliere des
parties.

Cap. 4.

parties. On a trouué eſtrange en France que les Eſpagnols ayent
pretendu en l'année 1628. qu'vn Duc de Neuers & de Rethel ne peuſt
eſtre Duc de Mantouë & de Montferrat. Le Roy defunct leur fit
cognoiſtre le contraire par la force de ſes armes victorieuſes, mais
il eſt bien plus extraordinaire d'entendre les Dames Princeſſes
appellantes ſouſtenir en France & à la face de la Cour, qu'vn Duc de
Mantoué fils de leur frere aiſné & leur nepueu ne puiſſe eſtre Duc
de Neuers & de Rethel, apres que le Roy a iugé le contraire par ſa
Iuſtice par ledit Arreſt du 7ᵐᵉ Nouembre 1645. lors duquel Monſieur le Duc de Mantoüe a repreſenté qu'à l'eſgard du Duché de
Rethelois, de la Principauté de Portien, & du Marquiſat de Montcornet, ils ne luy pouuoient eſtre conteſtez quand tout ce qui a eſté
plaidé de la qualité d'eſtranger, & du deffaut d'incolat ſeroit conſiderable, que non, d'autant que leſdits Duché, Principauté & Marquiſat ſont ſituez dans l'eſtenduë de la Couſtume de Vitry par la
diſpoſition de laquelle les eſtrangers nobles ſont capables de ſucceder à l'eſgard des biens qui ſont ſituez dans ſon reſſort, ſuiuant
la diſpoſition de l'article 72. de ladite Couſtume, en l'apoſtil duquel
Maiſtre Charles du Moulin dit que *ceſſat ibi ius Regium Albinatus*, &
conformement à la diſpoſition dudit article, & de l'aduis de Maiſtre
Charles du Moulin, Monſieur Seruin en ſon Plaidoyé de la cauſe de
Monſieur le Duc de Modene a rapporté vn Arreſt donné en ce Parlement le 10ᵐᵉ Octobre de l'année 1587. par lequel la Cour a adjugé à Damoiſelle Elizabeth de Merodes, quoy qu'eſtrangere vn
doüaire ſur la terre de Bannay aſſiſe dans le reſſort du Bailliage de
Vitry, pour faire voir à la Cour que la diſpoſition dudit article s'ob-
ſerue exactement quelque choſe que l'on ait voulu dire au contraire.
A l'eſgard des autres biens dont il s'agit, Monſieur le Duc de Mantoüe a ſouſtenu qu'ils ne luy pouuoient eſtre conteſtez, & que l'on
ne luy pouuoit objecter ladite qualité d'eſtranger, quoy que né
hors le Royaume, ayant ſouſtenu qu'il eſtoit François, non ſeulement d'affection, mais auſſi d'origine, eſtant fils & petit fils d'vn pere
& d'vn ayeul François: C'eſt vne raiſon tirée des viues ſources de la
Nature qui influë en chaque choſe la qualité de ſon origine & de ſon
principe, & eſt tellement vray que les enfans ſont attachez à la naiſſance & à l'origine de leurs peres qu'ils n'en peuuent eſtre detachez
par quelque renonciation qu'ils faſſent, & quelque priuilege qu'ils
obtiennent. Les impreſſions de la Nature ſont ſi fortes de Lactance ᴸⁱᵇ·⁶· ᵈⁱᵘⁱⁿ·
que le caractere ne s'en peut iamais effacer : c'eſt la diſpoſition de ⁱⁿſᵗⁱᵗ·ᶜᵃᵖ· ⁸·
la loy *Ciues* 7. *C. de Incol.* & de la loy *Adſumptio* 6. §. 1. *D. de Municip.* c'eſt
l'aduis de Boërius deciſ. 13. de Bacquet en ſon Traitté du droict ᶜᵃᵖ·³⁰·& ſeq·
d'Aubeine, & de Maiſtre René Choppin en ſon Traitté *de domat.* ᴸⁱᵇ·¹· ᶜᵃᵖ· ¹¹·

Q

Cette mesme question a esté decidée par plusieurs Arrests, & entre
autres par deux prononcez en robes rouges. L'vn par defunct Monsieur le premier President de Thou le 7me Septembre de l'année 1576.
au profit de Marie Mabile, laquelle quoy que née & mariée en
Angleterre auec vn Anglois, & encor que ses pere & mere fussent
morts en Angleterre apres vn sejour de quarante ans, neantmoins
elle fut admise au partage de la succession d'Annette de Vaux son
ayeule decedée en cette ville de Paris six ans auant son retour en
France, pour ce qu'elle estoit fille d'vn pere François. L'autre
a aussi esté prononcé en robes rouges par defunct Monsieur le premier President de Harlay le 23. Decembre de l'année 1605. au profit de Sanchez & Anthoine Lormandier, lesquels quoy que nez en
Espagne d'vne mere Espagnole, succederent aux biens que leur
pere laissa en la Prouince d'Auuergne, pource qu'ils estoient fils d'vn
pere François, suiuant lesquels Arrests il y en a encor eu plusieurs
autres qui ont iugé la mesme question, & les circonstances que les
Dames Princesses appellantes ont remarquées dans les especes de
ces Arrests pour dire qu'ils n'ont point iugé la question generale
ne sont point veritables sauf correction, d'autant que Bacquet parlant de l'Arrest de Langlesse dit qu'il a iugé la question toute nuë
& Boier, Eguinarius Baro, Choppin, Bouchel & les autres ont remarqué les susdits Arrests, comme ayans iugé la question generale,
& les Dames Princesses appellantes ont d'autant moins de suiect
de la contester, que leurs enfans ne peuuent pas dire qu'ils soient
fils & petits fils d'vn pere & d'vn ayeul François, comme Monsieur
le Duc de Mantouë, qui soustient que l'on ne luy peut contester le
patrimoine de ses ancestres qui luy est escheu en ligne directe qui
luy appartient par les droicts du sang & de la nature, comme re-
presentant defunct Monsieur le Prince de Mantouë son pere qui
estoit François, & en vertu du Testament de Monsieur son ayeul qui
estoit pareillement François. Monsieur le Duc de Mantouë a encor
representé lors dudit Arrest que nos Rois ont tousiours tant fait
d'estat de l'affection & de l'amitié que les Ducs & Princes de Mantouë ont resmoignées en diuerses rencontres enuers cette Couronne, qu'ils les ont considerez comme leurs alliez & confederez par
diuerses Lettres Patentes, & entr'autres les Rois François I. Henry
II. Henry IV. & Louis XIIIme par celles qu'ils ont données à Frederic
& à Ludouic de Gonzagues, Vincent I. François II. Ferdinand, Vincent II & Charles I. Duc de Mantouë és années 1539. 1550. 1597. & 1634.
par lesquelles ils ont declaré lesdits Ducs & Princes de Mantouë, non
seulement alliez & confederez de cette Couronne, mais aussi eux
& leur posterité capables de tenir & posseder en ce Royaume les

[marginal notes:]
Mr Bouguier
ch. 5. nom. 14.
Me Iacques de
Montholon.

Ch. 38. & suiu.

biens qui leur appartiendroient auec faculté expresse de pouuoir tester : De sorte que Monsieur le Duc de Mantouë estant descendu en droite ligne de Ludouic de Gonzages son bis-ayeul paternel desnommé dans lesdites Lettres du Roy Henry I I. de l'an 1550. qui ont esté verifiées en la Chambre des Comptes, estant petit fils & arriere petit fils du costé maternel de François I I. & de Vincent I. Ducs de Mantouë, denommez dans lesdites Lettres du Roy Henry IV.ᵐᵉ Il n'y a nulle difficulté qu'il n'ait esté capable, en consequence d'icelles de recueillir la succession dont il s'agit, & que l'on n'a pû luy objecter la qualité d'estranger, n'estant pas considerable que lesdites Letttres n'ont esté registrées qu'en la Chambre des Comptes seulement, pource que la verification de ces sortes de Lettres n'en est point necessaire en la Cour, d'autant qu'elles n'emportent aucune alienation du domaine du Roy, qui est le cas seul où la verification en la Cour est necessaire, & n'y a qu'vn seul cas auquel des Lettres de cette qualité doiuent estre verifiées en la Cour, sçauoir quand le Roy quitte le droict d'Aubeine à toute vne Prouince : mais comme des Lettres de naturalité octroyées à des particuliers ne contiennent point d'alienation, mais seulement vne habilitation de la personne ; C'est pourquoy telles Lettres n'ont point accoustumé d'estre verifiées en la Cour ; De sorte que toutes ces Lettres dont il a esté parlé cy dessus ayans esté registrées en la Chambre des Comptes on ne peut objecter à Monsieur le Duc de Mantoüe ladite qualité d'estranger, d'autant plus que comme Duc de Mantoüe il est allié & confederé de cette Couronne. Quoy que la loy d'Aubeine eust lieu parmy le peuple Iuif par vne loy de ceremonie à cause de la diuersité de creance & de l'inclination naturelle que le peuple Hebreu auoit à l'idolatrie, neantmoins elle n'auoit point de lieu contre leurs alliez & confederez, comme il est remarqué au chap. 23. du Deuteronome. Ainsi encor que les Romains eussent defendu à tous les estrangers, mesmes aux Italiens leurs proches voisins de s'habiter dans leur ville de Rome, par la publication des Loix *Mucia* & *Licinia*, neantmoins ils en exceptèrent leurs alliez & confederez comme la remarqué Ciceron en ses Oraisons qu'il a faites pour Balbus & le Poëte Archias, *Etenim cum cæteris præmiis digni sunt qui suo labore, ac periculo Rempublicam defendunt, tum certè dignißimi, qui ea ciuitate donentur pro qua pericula, ac bella subierunt*, & le mesme Autheur en ses Epistres *ad Atticum*, & Suetone en la vie d'Auguste remarquent que les Romains donnerent le droict de Bourgeoisie Romains à ceux de Sicile & d'Etolie en faueur de l'alliance qu'ils auoient contractée auec eux, & Godefroy en ses Notes sur la loy 5. *D. de Capt.* dit que par l'vsage de la France le droict d'Aubeine n'a point de

lieu à l'efgard des alliez. Ces efloignemens entre Princes alliez ne
font pas capables de les faire reputer Aubeins & eftrangers les vns
à l'efgard des autres, ce font des natures d'abfences occafionnées
pour le feruice de l'Eftat: Ce font ces Citoyens qu'Ariftote appelle au
liure 3ᵐᵉ de fa Republique πολιτὰς πολίτας infititios, factitios, antez, faifant
allufion aux arbres greffez, les fruicts defquels tirent leur douceur &
qualité du greffe, & ne tiennent rien de l'amertume de leurs racines.
Cette maxime eft fondée fur les maximes de la Politique remar-
quée par le Prince des Philofophes en fon liure 8ᵐᵉ de la Politique
ch. 13. & par celuy de l'eloquence Latine, en l'Oraifon qu'il a faite pour
Cornelius Balbus, qui difent que comme les regles de la Politique eftabliffent le vray fondement d'vne parfaite alliance & confederation des peuples en l'entre-cours & communication de tous
droicts Ciuils, auffi cet entre-cours des peuples confederez doit
operer que nos alliez ne foient pas fujets à la loy d'Aubeine,
eftant tres-iufte que ceux qui s'attachans d'amitié à nous, s'at-
tirent l'inimitié de ceux qui nous haiffent, foient traittez comme amis & vrais compatriotes, *Hoftem qui feriet mihi erit Cartha-
ginienfis.* C'eft l'aduis de Maiftre René Choppin en fon Traitté *de
doman.* & de Godefroy fuiuant la difpofition de la loy, *Non du-
bito 7. D. De capt. & poftlim. reuerf.* foit qu'elle demeure corrigée
felon Haloandre & Budée, ou entenduë felon le fens de Cujas au
liure 11ᵐᵉ de fes Obferuations *cap. 25.* Monfieur le Duc de Mantoüe
a reprefenté pareillement qu'il ne pouuoit eftre tenu, & reputé pour
eftranger en France, puis qu'il a l'honneur d'eftre parent du cofté
paternel & maternel au Roy, non feulement pource qu'il eft def-
cendu de la Maifon de France par celles de Bourbon, Allençon,
Bourgongne & Arthois, & que la Maifon de Montferrat eft iffue de
la mefme maifon de Saxe dont font defcendus les Rois de France
de la lignée de Hugues Capet, mais auffi pource que du cofté paternel il eft arriere petit fils de Madame Marguerite de Bourbon, fœur
d'Anthoine de Bourbon Roy de Nauarre, pere du defunct Roy
Henry le Grand, & du cofté paternel il eft arriere petit fils de Madame Eleonor de Medicis, fœur de la defuncte Royne Mere Marie
de Medicis, qui eftoit fille du defunct grand Duc François de Medicis. Ce n'eft point vne parenté de paroles, de ceremonies & de
fiction, mais vne parenté réelle, veritable & effectiue: c'eft vn droict
du fang & de la nature qui emporte auec foy vne veritable naturalité, & qui preuaut au deffus de la loy d'Aubeine, *Ciuilis ratio naturalia iura corrumpere nequit*, dit la loy, *Eas obligationes. D. de Capi. min. Iura
naturalia non poffunt tolli, tanquam, nexu diuino copulata. L. Cum adopt. §. 1.
D. de Adopt.* Le Roy Louis XIIᵐᵉ l'a ainfi ordonné par fon iugement qu'il

prononça

Cap. 1.2.& 3.

Lib. 1. *cap.* 1.
num. 3.

prononça le 5ᵐᵉ Octobre de l'année 1504. au profit dudit Engilbert de Cleues, auquel quoy qu'estranger il adjugea les Comtez de Neuers & de Rethel, à l'exclusion de ladite Charlotte de Bourgogne sa tante qui estoit Françoise. Enfin Monsieur le Duc de Mantouë a representé qu'estant Prince Souuerain il n'estoit point sujet à loy d'Aubeine, d'autant que l'Aubeine est vne fiction d'inhabilité contraire à la verité repugnante à la nature par les regles de laquelle toute la terre est la patrie commune de tous les hommes dont ils sont tous Bourgeois & Citoyens, ὁ κόσμος πάντων κοινὴ πάτρις, dit Arthemidore. Et d'autre part le benefice de naturalité, n'est au- *Lib. 1. c. 54.* tre chose que la restitution & le restablissement de la verité mesme, qui effaçant la macule & leuant l'obstacle de l'Aubeine, remet l'estranger aux purs termes de la nature qui a ses effects perpetuels & vniuersels sans limitation & sans bornes, *Natura perennis ac æterna,* dit Liuius. Comment peut on appliquer ces maximes constantes & certaines aux personnes qui possedent ce haut titre & cette eminente qualité de Princes Souuerains, au dessus de laquelle il n'y en a point d'autres en terre? Les choses crées participent plus ou moins à la Diuinité selon leur estat & condition, & qu'elles sont plus ou moins releuées. La nature inanimée participe à Dieu d'vn degré qui est l'estre, la nature animée, le participe de deux degrez par l'estre & par la vie, la nature sensible par vn degré encor plus haut qui est le sentiment, outre ces trois aduantages l'homme en a vn quatriéme qui est la raison, & l'intelligence qu'il a commune auec les Seraphins, mais les Souuerains, dit Platon, participent la Diuinité par vn cinquiéme degré, cōme par vne forme & essence plus noble qui les distingue des autres hommes. Aristote met les Souuerains au dessus de la condition humaine, & leur fait tenir le milieu entre les Dieux & les hommes: Aristophane les fait monter encor plus haut quand il dit qu'ils sont presque des Dieux, qu'ils approchent de leur dignité, & partagent leur Empire sur les hommes, & l'Escriture saincte les esleue encor par vn titre plus magnifique leur attribuant en diuers passages le nom de Dieux, pour establir la grandeur de leurs puissances par vn rapport que les Souuerains ont auec la Diuinité, c'est pourquoy on ne peut pas estendre contre les Princes Souuerains la loy d'Aubeine, qui n'a iamais esté pratiquée que contre les particuliers, & encor que les particuliers estrangers soient sujets à la loy d'Aubeine, ce n'est pas vne consequence qu'elle doiue auoir lieu contre les Princes Souuerains. Tous les membres dit sainct Augustin font *In Psal. 29.* vn corps, parlant du corps naturel, & par analogie du mistique, mais il y a dit-il grande difference entre le chef & les autres membres, car en tous les membres tu ne sens que par l'attouchement, mais

la teste seule ioüit de tous les sens de la nature, car par icelle tu vois,
entends, flaire, gouste & touche, & enfin il conclud si telle est
l'excellence du chef du corps humain à l'esgard des autres membres,
combien grande doit elle estre à l'esgard du Souuerain qui est le chef
de son Estat par dessus les particuliers qui en sont les membres: C'est
pourquoy on ne peut induire du droict d'Aubeine qui n'a iamais esté
pratiqué que contre les particuliers des consequences contre les
Souuerains, & le Roy en la personne duquel seul reside l'interest du
droict d'Aubeine, comme il a esté dit, & auquel il importe qu'il se
pratique contre les particuliers, à interest qu'il ne s'exerce point
contre les Souuerains, pource qu'il luy importe d'auoir des vassaux
de cette qualité, & qui ne soient point sujets à vne autre domination.
La mesme consideration d'Estat qui exclud les particuliers de succeder aux biens que leurs defuncts parens possedoient en France, veut
que les Princes Souuerains en soient exceptez pour les rendre inse-
parables de l'alliance qu'ils contractent auec cette Couronne, en acceptant vne succession qui leur eschet dans le Royaume ils s'enga-
gent par honneur & par interest au seruice du Roy & de l'Estat. La pretention des Dames Princesses appellantes que les Princes Souuerains soient sujets à la loy d'Aubeine comme les particuliers, n'in-
teresse pas seulement Mr le Duc de Mantouë, mais tous les Princes
Souuerains de la terre que l'on ne peut offenser sans tomber dans le
crime de leze Majesté Diuine & humaine. Car cóme Dieu est le Prince
Souuerain de toute la nature crée, non seulement de droict & d'excellence, à cause de la splendeur de sa Majesté Diuine, mais encor
d'action & d'operation par sa Prouidence qui est en action continuel-
le, qu'il est la source de toute la puissance qui reside en la personne des
Souuerains, *Omnis potestas à Deo*, dit S. Paul & qu'il regne plus magnifi-
quement sur les peuples vnis & assemblez en Estats que sur le reste de
l'Vniuers, Ainsi il prend dans vne protection toute particuliere les
personnes des Souuerains & les droicts qui leur appartiennent, & l'on
ne peut contester contre eux les droicts & les successions qui leur
sont escheus sans choquer ce qu'il y a de plus auguste dans le Ciel,
& dans la terre, c'est par vne mesme action offencer la premiere &
seconde Majesté pour parler auec Tertullien *Imperator à Deo secundus,
post Deum primus*; c'est mespriser Dieu qui est le Prince inuisible &
vniuersel, & le Prince qui est le Dieu vizible & particulier de son
Estat: On ne peut pas dire que les Princes Souuerains soient Aubeins
& estrangers les vns à l'esgard des autres sans les offenser, pource que
le nom d'estranger vaut autant à dire que subject à la domination
d'autruy, & le mot Aubein en la Coustume de Vermandois vaut
autant qu'espaues, c'est à dire choses esgarées, & signifie aussi

Ad Rom. 13.

vn homme incogneu *aduena*, ainſi que l'explique Cujas ſur la loy *hæres abſens. D. De Iudic.* ce qui ne ſe peut appliquer aux Princes Souuerains, pource qu'ils ſont tous parens & alliez les vns des autres, & mesmes s'appellent freres, & c'eſt pourquoy le Pſalmiſte, parlant d'eux en ſon ſens literal dit *Vos Dij eſtis, & filij excelſi omnes,* & dans Homere les Souuerains ſont appellez en pluſieurs endroits ϑιοτρεφεῖς Βασιλῆες. Apres que Dieu eut eſtably Dauid Prince Souuerain de Hieruſalem, & de la Paleſtine: Il luy dit c'eſt toy qui eſt mon fils, ie t'ay engendray auiourd'huy, & lors que Samuël eut conferé à Saül la Souueraineté ſur les Iſraëlites, la meſme ſaincte Eſcriture dit qu'il fut changé en vn autre homme pour dire qu'il ne le falloit plus conſiderer comme fils de Cis ſon pere naturel: C'eſt par cette raiſon que les Princes Souuerains dans leurs Patentes comptent le nombre de leurs années, non point du iour de leurs naiſſances, mais de celuy auquel ils ſont paruenus à la Souueraineté, à l'exemple de ce qui eſt dit au liu.1. des Rois, que Saül n'auoit qu'vn an lors qu'il combatit contre les Philiſtins, quoy qu'il ſoit conſtant qu'il fuſt deſlors vn homme parfait. Nous liſons dans noſtre Hiſtoire que le Roy Charles V I I I^me a pourſuiuy par armes le Royaume de Naples qui luy appartenoit en vertu du Teſtament de Charles d'Anjou Roy de Sicile & de Hieruſalem. Les Rois Louis X I I. & François I. ont pourſuiuy la conqueſte du Duché de Milan eſcheu par ſucceſſion à la France à cauſe de Valentine de Milan Ducheſſe d'Orleans, le meſme Roy François I. a conquis la Sauoye qui luy appartenoit à cauſe de Louiſe de Sauoye ſa mere, fille de Philippes Comte de Breſſe puis Duc de Sauoye & de Madame Marguerite de Bourbon ſa premiere femme. Les pretentions de tous ces Grands Rois eſtoient iniuſtes & leurs armes criminelles ſi le droict d'Aubeine exclud les Princes Souuerains des droicts & des ſucceſſions qui leur eſcheent en d'autres Eſtats, & hors l'eſtenduë de leurs Souuerainetez. Quant à ce que l'on a plaidé que pluſieurs Princes Souuerains auoient obtenu des Lettres de Declaration de nos Rois pour poſſeder les biens qui leur appartenoient dans le Royaume, que meſme la Reine Catherine de Medicis ſortant hors de France & le Roy Henry III. lors qu'il eſtoit Duc d'Anjou allant en Pologne, & François Duc d'Alençon en auoient obtenu: Il eſt certain que toutes leſdites Lettres que l'on a cottées ont eſté obtenuës par vne cautelle ſurabondante & ſans neceſſité, *Quæ dubitationis tollendæ cauſa inferuntur non lædunt* dit la loy *Qui mutuam, D. Mand.* pource que *Superflua non nocent,* & qu'elles ont eſté données, ainſi que diſent Bacquet & Choppin, *humanitatis magis quam neceſsitatis, vlla ratione,* comme il eſt dit en la loy *Humanum C. de Leg.* Non plus qu'en termes de droict la manumiſſion d'vne per-

Pſal. 21.

Guicciard. Hiſt. liu.1 fol. 7. Philipp. de Comm. liu.7. Chopp. de doman. lib. 3. tit. 6. num. 33. & tit. 5. nu. 18.

Guicciard. Hiſt. liu. 4. f.101. Chopp. de doman. lib. tit. 5. num. 20.

Choppin. de doman. lib. 11. tit. 11. num. 30.

Bald. in L. Teſtamentum 3. C. de Teſt.

Tonne ingenüe n'altere point l'ingenuité de la naissance, *Natalibus manumiſſio non officit.* diſent le *§. vnic. Inſt. de Ingen.* la loy *Si quis 21. D. de Capt. & poſtlim. reuerſ.* la loy *Ingenuam. D. de Ingen. manum.* & Paulus, *Sent. l. 5. tit. 15* ou bien l'on peut dire que ces Lettres ont eſté obtenües par ces Princes pour aller au deuant des pretextes que des factieux pourroient prendre pour broüiller, à quoy les Sages & preuoyans Princes ne peuuent apporter trop de precautions: car il n'y a point d'apparence de croire qu'vne Royne de France Mere de tant de Rois, que le frere d'vn Roy qui a depuis ſuccedé à la Couronne, ſortans hors le Royaume du conſentement du Roy ſe ſoient imaginez que retournans en France on leur peuſt objecter le droict d'Aubeine, ou bien l'on peuſt dire que s'il y a eu des Princes Souuerains qui ayent obtenu des Lettres de cette qualité, qu'ils les ont priſes pour leurs enfans puiſnez, & non point pour les Chefs de leurs maiſons, qui ſeuls iouïſſent du droict de Souueraineté; mais ce n'eſt pas dans leſdites Lettres que cóſiſte le point de la difficulté de la cauſe, *quod à voluntate originem trahit, non ideo ſequitur concluſio* dit la loy. *Interdum D. de Iudic.* Il faudroit que les Dames Princeſſes appellantes rapportaſſent quelque Edict, Ordonnance, ou Declaration du Roy, Couſtume, ou Arreſt par leſquels il euſt eſté ordonné ou iugé qu'vn Prince Souuerain n'ayant point obtenu des Lettres de naturalité, ou de declaration euſt eſté exclus d'vne ſucceſſion qui luy ſeroit eſcheuë dans le Royaume, comme dit Viuius ſur vne conteſtation d'vn argument ſemblable: Car quand à l'Arreſt rendu contre Dom Ceſare d'Eſt Duc de Modene, au profit de Dame Anne d'Eſt Ducheſſe de Nemours, il n'eſt nullement dans l'eſpece de la cauſe qui ſe preſente; car outre qu'il n'eſtoit fils, ny petit fils d'vn pere, & d'vn ayeul François, qu'il n'eſtoit point allié & confederé de cette Couronne, & qu'il n'eſtoit point parent du Roy comme eſt Monſieur le Duc de Mantoüe; on ne peut pas dire que l'Arreſt aye eſté rendu contre Dom Ceſare d'Eſt, à cauſe qu'il eſtoit eſtranger, puis qu'il a eſté donné au profit de Dame Anne d'Eſt Ducheſſe de Nemours, qui eſtoit eſtrangere auſſi bien que luy, comme l'on eſt demeuré d'accord en plaidant; mais l'Arreſt a eſté donné contre Dom Ceſare d'Eſt, pource qu'il eſtoit baſtard, & eſt tellement vray, que l'Arreſt eſt fondé pluſtoſt ſur la baſtardiſe que ſur la qualité d'eſtranger; que le Pape Clement VIII.me priua le meſme Dom Ceſare d'Eſt du Duché de Ferrare, mouuant du Sainct Siege, par cette meſme raiſon du droict de Baſtardiſe; car on ne peut pas dire que ce fuſt par droict d'Aubeine, puis qu'il eſtoit originaire d'Italie, & n'a iouy des Duchez de Modena & de Reggio, qui ſont des fiefs releuans de l'Empire, que par la liberalité d'Alphonſe II. Duc de Ferrare qui l'inſtitua ſon heritier vniuerſel; C'eſt pourquoy

Deciſ. 206. lib. 2. num. 1.
Mr Seruin plaid. 36. rapporte cét Arreſt.

Io. Bap. Pig. en ſon Hiſt. de la Maiſon d'Eſt.

Mr le Card. Doſſat liu. 3. Lett. 112. 114. & 116.

pourquoy le Roy n'eſtoit point obligé de recognoiſtre pour parent, couſin & allié, vn homme nouuellement legitimé, & qui n'eſtoit deuenu Souuerain que par la liberalité d'autruy. D'ailleurs il eſt certain qu'il y a de grádes differences entre les diſpoſitions teſtamentaires, & les ſucceſſions legitimes: car les ſucceſſions & particulierement en lignes directes ſont beaucoup plus fauorables en France que les diſpoſitions teſtamentaires de quelque qualité qu'elles puiſſent eſtre. Quand nos Roys permettent que des Souuerains tiennent des fiefs de la Couronne, ils entendent que les enfans de ces Princes leurs ſuccedent ; car la ſucceſſion directe eſt ſi fauorable, que l'on preſume touſiours que ce que tient le pere vient aux enfans, qui du viuant du pere meſme en ſont reputez Seigneurs. On peut dire que Mʳ le Duc de Mantoüe dés le moment de la mort de Monſieur le Prince de Mantoüe ſon pere a pris ſa place, *Locum ſui hæredis*, & eſt deuenu coſeigneur, & coproprietaire auec deffunct Monſieur le Duc de Mantoüe ſon ayeul de tout ce qu'il poſſedoit. Si deffunct Monſieur le Duc de Mantoüe auoit au deſceu du Roy tranſporté entre les mains d'vn autre Prince Eſtranger, ou par donation entre-vifs, ou par Teſtament les Duchez de Niuernois, de Rethelois, & autres, Sa Majeſté auroit droict d'empeſcher que les terres ne paſſaſſent en vne main ſuſpecte, qui eſt l'eſpece de l'Arreſt rendu contre Mʳ le Duc de Modene, quand d'ailleurs il ne ſeroit pas fondé ſur la baſtardiſe, & le manquement de ſa qualité de Prince Souuerain. Et de faict qu'Hercules II. Duc de Ferrare comme heritier d'Alphonſe II. a iouy paiſiblement du Duché de Chartres, quoy que né hors le Royaume, & non Regnicole, pour monſtrer la difference qu'il y a entre vne ſucceſſion legitime en ligne directe, & vn legs vniuerſel ou inſtitution d'heritier. Il y a lieu de s'eſtonner de ce qu'on a allegué en cette Audience les proteſtations que l'on dit auoir eſté faites par Meſſieurs les Gens du Roy en l'année 1478. apres la mort de Philippes Duc de Bourgongne: Car l'Hiſtoire de ce temps en eſt naïfuement deſcrite par Philippes de Commines, & on ſçait qu'apres la mort de ce grand aduerſaire & ſubject de la France (que nos Hiſtoriens qualifient le plus grand Prince de la Chreſtienté ſans titre de Roy) le Roy Louis XIᵐᵉ nobmit aucunes diligences pour ſe mettre en poſſeſſion des droicts de l'Eſtat, il fit ſorte que le Duché de Bourgongne retourna à la Couronne, comme appennage à faute d'hoirs maſles, il ſe mit en poſſeſſion de quelques villes de Picardie & d'Arthois, & meſmes priſt & retint en ſes mains le Comté de Bourgongne. Ce Roy ſi vigilant & attentif en toutes les occaſions qui pouuoient remettre la France en ſa premiere ſplendeur par le moyen des intelligences qu'il auoit en Flandres & en Arthois, nommement dans la ville de Gand, n'auroit pas manqué d'obiecter à Marie de Bourgongne fille de Philippes, ce

que l'on a plaidé eftre porté par les proteftations de Meffieurs
les Gens du Roy, il eftoit de leur fidelité & vigilance de les faire, pour
la conferuation des droicts du Roy, mais comme elles n'ont eu aucunes fuites qu'elles ont efté abandonnées, c'eft vne marque qu'on
n'y a pas trouué affez d'apparence pour s'y arrefter, encor qu'il y
euft vne raifon particuliere qui leur peuft donner lieu, car il eft certain qu'vn peu auparauant dés le 18. Aouft de l'année 1477. Marie de
Bourgongne auoit efpoufé l'Archiduc Maximilien d'Autriche, par
le moyen duquel mariage fait fans le confentement du Roy, comme les femmes fuiuent la condition de leurs maris, elle auoit fouf-
mis fa perfonne & fes Eftats à vn eftranger, & neantmoins nonobftant ces fubjects de mefcontentemens, & les grandes guerres qui
furent entre le Roy & Maximilien d'Autriche, depuis Empereur, le
Roy n'oppofa point n'y à l'Archiduc Maximilien, n'y à fa femme
l'incapacité qu'on allegue, au contraire Marie de Bourgongne par
fa mort tranfmit les Comtez de Flandres & d'Arthois, auec fes autres
Eftats à Philippes d'Autriche fon fils, depuis Roy d'Efpagne. Cette
fucceffion ne fut point encor contef tée par nos Rois, ny par autres,
au contraire Philippes d'Autriche mefme fut receu en foy & hommage des Comtez de Flandres, d'Arthois & Charolois par Monfieur le Chancelier de Rochefort, & Deputé par le Roy en la Ville
d'Arras au commencement de Iuillet de l'an 1499. & depuis on n'a
point contefté la proprieté de ces Comtez à la Maifon d'Efpagne à
laquelle ils furent tranfportez. C'eft vne maxime conftante entre
tous ceux qui ont traitté du droict d'Aubeine, que ce droict ne re-

Chopp. de Dom.
lib. 1. tit. 11.
num. 9.

garde que l'intereft du Roy feul: C'eft pourquoy il eft appellé par
nos Docteurs François, *Ius Regium Albinatus*, droict Royal, honorifi-
que & Souuerain appartenant au Roy en recognoiffance de fa fou-
ueraineté, & la raifon pour laquelle nos Rois l'ont fouffert dans le
Royaume eft à caufe que plufieurs Princes Souuerains ne veulent
pas fouffrir que ceux qui font fubjects du Roy poffedent des biens
dans leurs Eftats fans leur permiffion : C'eft pourquoy comme le
droict d'Aubeine eft vn droict de pariage, vn droict de par-cours,
& d'entre-cours, comme les Princes eftrangers ne veulent pas permettre que des naturels François fuccedent dans leurs Eftats, fans
leur confentement exprés, auffi nos Rois ne veulent pas fouffrir que
des perfonnes qui font fubjettes à vne domination eftrangere fuccedent dans leur Royaume, & la raifon des vns & des autres eft,
qu'vne perfonne ne peut feruir à deux maiftres en vn mefme temps;
C'eft pourquoy comme vn Souuerain n'eft point fubject de foy à la
domination d'vn autre, il n'y a point d'incapacité en fa perfonne
qui le puiffe exclure d'vne fucceffion qui luy efchet dans l'Eftat d'vn

autre Souuerain , & ainfi la regle qui eft eftablie pour les particuliers
ne peut eftre tirée à confequence à l'efgard des Souuerains. Tant s'en
faut que le droict d'Aubeine puiffe auoir lieu contre les perfonnes
des Souuerains , au contraire c'eft vn vfage conftant, fuiuant l'aduis
vnanime de tous les Docteurs François & eftrangers , qu'il n'a pas
lieu mefme contre les Ambaffadeurs des Princes Souuerains, ny ceux
de leurs fuittes, ainfi que l'ont remarqué tous nos Docteurs Fran- *Chopp. de Dom.*
çois , ny contre ceux qui font à la fuitte des Roynes qui viennent *lib. 1. tit. 11.*
des pays eftrangers, ce que l'on ne peut pas dire eftre practiqué par
la confideration des perfonnes des Ambaffadeurs ny des perfonnes qui fuiuent les Roynes , mais par celle des Maiftres qui les en-
uoyent, & par confequent il ne peut pas auoir lieu au profit des particuliers contre les Souuerains mefmes. Si le droict d'Aubeine, ou
de l'Incolat auoient lieu à l'efgard des Princes Souuerains , comme
ils font obligez de demeurer dans leurs Eftats pour les conferuer
auec leurs fubjets, il s'enfuiueroit que des Souuerains ne pourroient
iamais poffeder des heritages dans les Eftats des autres Souuerains,
& que les particuliers fubjets d'vn Souuerain ne pourroient iamais
paruenir à des fouuerainetez eftrangeres, pource que c'eft vne maxime conftante en Droict, que *eadem debet effe ratio fuccedendi, & re-*
ciproca hæreditatis delatio, L. vlt. §. & ideo fancimus. C. de Adopt. & §. filium
Auth. quib. mod. natura. effic. fui. De forte que fi les Souuerains font
exclus de pouuoir fucceder dans les Eftats des autres Souuerains,
il s'enfuit par confequent auffi que les fubjects d'vn Souuerain ne
peuuent iamais paruenir à vne fouuraineté eftrangere & neantmoins nous voyons le contraire, tant dans noftre Hiftoire que dans
les Hiftoires eftrangeres, comme il paroift par les exemples cy-deffus
remarqués , outre lefquels nos Hiftoriens , & ceux d'Angleterre
ont remarqué plufieurs Princes François auoir fuccedé à la Couron- *Bacq. droict*
ne d'Angleterre , les Rois Guillaume le Roux, Eftienne, Henry II. *Daub. ch. 12.*
Iean Sanfterre appellé le Conquerant eftoient nez en France , & *Guill. Gemit.*
neantmoins ont efté Rois d'Angleterre par fucceffion. Et ne faut *lib. 7. cap. 10.*
point dire que ces Rois & Princes Anglois fuffent nez en Angleterre *Du Chefne*
car cette propofition eft refutée par les tefmoignages irreprocha- *en fon Hift.*
bles de l'Hiftoire. Il y a eu auffi plufieurs Princes Efcoffois qui *d'Anglet. liu.*
ont fuccedé à la mefme Couronne. Nous lifons dans noftre Hi- *11   14.*
ftoire plufieurs Rois & Princes Anglois auoir poffedé hereditaire- *Du Moulin*
ment les Duchez de Normandie, Guyenne, Bretagne, les Comtez *Hift. de Norm.*
de Touraine, Anjou & le Mayne. Mr le Chancelier Poyet y adioufte *liu. 9. chap. 1.*
encor le Comté de Clermont en vn plaidoyé qu'il a fait eftant Aduo- *liu. 12. chap. 1.*
cat le 22. Mars de l'an 1552. Quand Philippes Augufte eut conquis *Chopp. de Dom.*
fur les Rois d'Angleterre, la Normandie, & les Comtez de Touraine, *lib. 4. tit. 1.*
num 6. lib. 3.
tit. 8. num. 7.

Anjou & le Mayne, on les retint par droiĉt de confiscation & non
par droiĉt d'Aubeine, dont on ne parla iamais quoy qu'il fuſt plus
facile à verifier que la felonie: Apres la mort dudit Philippes Duc de
Bourgongne, qui fut tué en vne bataille proche la ville de Nancy
le 5ᵐᵉ iour de Ianuier de l'année 1476. ladite Marie de Bourgongne
ſa fille eſpouſe de Maximilian d'Autriche, ſucceda aux Comtez
d'Arthois, de Flandres & au Charolois, & apres elle les Princes de
la Maiſon d'Autriche ont poſſedé les meſmes Comtez, quoy qu'ils
fuſſent dependans de la Couronne auparauant le Traitté de Cambray de l'an 1529. ainſi qu'il a eſté cy-deſſus repreſenté. Il y a eu des
Rois d'Arragon qui ont eſté Seigneurs de la ville de Montpellier,
du Comté de Barcelone & qui ont poſſedé la Prouence. On a eſté
contraint de demeurer d'accord en plaidant que les Princes de la
Maiſon de Ferrare auoient recueilly hereditairement, & iouy par
droiĉt de ſucceſſion pendant vn long-temps des biens que le Roy
Louis XIIᵐᵉ auoit donnez à Madame Renée de France par ſon con-

Ib. Chopp. lib.
3. tit.6.num.5.

tract de mariage auec Hercules II. Duc de Ferrare, Catherine de
Medicis quoy qu'eſtrangere a ſuccedé aux biens que Magdeleine
de Turene ſa mere poſſedoit en France. Pluſieurs Princes de la Mai-

Ib.lib.2.tit.11.
num. 1. & lib.
5.tit. 6. & 7.
num. 3. & 33.

ſon de Luxembourg ont poſſedé les Comtez de Sainĉt Paul, & de
Martigues, les enfans du defunĉt Comte Maurice de Naſſau, quoy
qu'eux, leur pere, ayeul & bis-ayeul ne fuſſent point nez en France
qu'ils fuſſent deſcendus de Princes Allemans, & qu'ils ne fuſſent

Ib.lib. tit. 11.
num. 19. lib.
tit.6.num.29.

point Regnicoles n'ont pas laiſſé de ſucceder à la principauté d'Oran-
ge, comme deſcendus du coſté des femmes de la Maiſon de Chaalon,
apres la mort de Philbert dernier maſle de cette Maiſon; En l'année
1400. Marguerite de Ioynuille eſpouſa Federic de Lorraine frere de
Charles II. Duc de Lorraine, & luy porta en dot la principauté de
Ioinuille, à laquelle René Duc de Lorraine arriere-petit fils de Charles II. Duc de Lorraine ſucceda, pource que Federic eſtoit mort
ſans enfans, & les Ducs de Lorraine ont eſté admis, & maintenus par
droiĉt de ſucceſſion & heredité en la poſſeſſion & iouyſſance du Duché de Bar, ſeigneurie de Clermont, & autres fiefs dependans de la
Couronne, comme l'a remarqué amplement Maiſtre René Choppin

Lib. 3. tit. 6.

en ſon Traitté *de doman.* Les Princes de cette Maiſon de Lorraine, &
de celle de Sauoye ayans eſté obligez de ſe ſeparer en diuerſes branches, quand celles qui eſtoient en France ont manqué, ceux de la
meſme Maiſon qui demeuroient dans les pays eſtrangers en ont recueilly les ſucceſſions qui eſtoient en France, comme celles qui y
ſont à preſent, eſperent recueillir celles qui ſont dans les pays eſtrangers quand elles eſcheeront, autrement les Princes de ces Maiſons
ne porteroient point en France le titre & la qualité de Princes, Charles

Duc

Duc d'Anjou, frere du Roy fainct Louis, ayant esté esleu Roy de *Ib. lib. 2. tit. 1.*
Hierufalem par les Papes Vrbain IV. & Clement IV. ne laiffa pas de *num. 13.*
conferuer le Duché d'Anjou que le Roy fainct Louis fon frere luy
auoit donné par appennage, & apres fa mort Charles fon fils con-
ferua le Royaume de Sicile & le Duché d'Anjou, encor que Charles I.
apres fon election au Royaume de Sicile fuft forty de ce Royaume
perpetuæ moræ caufa, & qu'il y euft dix ans que fon fils en fuft forty lors *Ib. lib. 3. tit.*
qu'il luy fucceda, & ledit Duché n'eft retourné à la Couronne que *12. num. 6.*
par la dot de Marguerite fille de Charles de Valois, & femme du Roy
Philippes, & Robert & Ieanne enfans de ce Charles II. ont fuccedé
au Comté de Prouence, quoy que nez en Italie: Il y a eu plufieurs
Princes de la Maifon d'Anjou Rois de Hierufalem & de Naples,
de la Maifon d'Orleans Ducs de Milan, des Maifons de Bourbon,
Albret & Eureux, Rois de Nauarre, & les Rois & Princes de Nauarre ont fuccedé & herité des Duché d'Albret, Comté de Foix, &
d'Armagnac, que de tout temps leur Maifon a tenus dans ce Royaume. La maifon de Longueuille, quoy que Françoife poffede en Suiffe
la Souueraineté de Neufchaftel, & dans la mefme maifon, Madame
la Princeffe de Carignan a efté admife au partage de la fucceffion de
defunct Monfieur le Comte de Soiffons & de defuncte Madame la
Comteffe de Soiffons, & quand ce feroit en vertu de Lettres de naturalité, cét exemple deftruit la pretenduë neceffité de l'incolat alleguée par les Dames Princeffes appellantes: Comme plufieurs Princes François ont fuccedé & ioüy paifiblement du Royaume de
Nauarre dont nos Rois font les legitimes feigneurs : La France a *Ib. lib. 3. tit. 1.*
eu ce bon-heur de fe voir fous l'heureufe obeyffance du plus glo- *num. 7.*
rieux Monarque qui ait iamais paru fur la terre, le Roy Henry le
Grand fon Prince legitime, quoy que né en la Ville de Pau en Bearn:
Les biens que le defunct Marefchal d'Ancre & fa femme poffe- Monfieur le
doient dans les Eftats du Pape, du Grand Duc, de l'Eftat de Venize Bret Tr. de la
& de Gennes furent adiugez au defunct Roy Louis le Iufte par droict Souueraineté
de confifcation. On pourroit encor rapporter plufieurs exemples de *liu. 3. ch. 13.*
cette qualité, tant de noftre Hiftoire que des eftrangeres, mais pour *in fin.*
fe renfermer entierement dedans la caufe il fuffit apres ce qui a efté
cy-deffus reprefenté d'en cotter deux ou trois exemples de la famille mefme des parties: Pierre de Courtenay Comte de Neuers, &
d'Auxerre, quoy qu'il fuft Empereur de Conftantinople apres la con-
quefte que les François en eurent faite fur les Grecs, & apres luy Bau-
doüin fon fils, neantmoins leurs enfans ont ioüy des biens qu'ils pof-
fedoient en France, Engilbert de Cleues quoy qu'eftranger a fuccedé aux Comtez de Neuers & de Rethel apres le decez de Iean de
Bourgongne fon ayeul, ainfi qu'il a efté cy-deffus reprefenté, apres

le decez de Charles Duc d'Alençon , qui mourut en l'année 1514.
Madame Anne d'Alençon sa sœur puisnée nonobstant sa sortie de
France , & retraite perpetuelle en Lombardie fut neantmoins ad-
mise à partager sa succession également auec Madame Françoise
d'Alençon Duchesse de Vendolmois sa sœur, trisayeule du Roy par
Arrest de ce Parlement du mois de Feurier de l'an 1539. Madame

Chopp. de
Doman. lib.
1. tit. 8.

Marguerite Paleologue femme de Federic de Gonzagues Duchesse
de Mantouë tris-ayeule de Monsieur le Duc de Mantouë estant née
dans le Montferrat, quoy que non Regnicole, a eu par droict de succession les biens situez & delaissez en France par Madame Anne d'A-
lençon sa mere, d'où sont venuës en la maison les terres de Senonches,
& de Brezoles qui y sont encor à present. Defunct Monsieur Ludouic de Gonzagues ayeul paternel des Dames Princesses appellantes,
quoy que marié, habitué & naturalisé en France , & suiuant l'Eloge

Anth. Posseuin
in Gonzag. lib.
7. pag. 63. &
768.

que l'Histoire luy donne meilleur François que les François mesmes,
n'a pas laissé d'auoir son partage dans le Montferrat auec Guillaume
son frere aisné. Enfin defunct Monsieur le Duc de Mantouë de la succession duquel il s'agit quoy que né François & marié en France a
neantmoins esté recogneu, receu & maintenu en Italie comme vray,
& legitime successeur de Vincent I I. son cousin, dans les Estats de
Mantouë & de Montferrat. La proposition des Dames Princesses appellantes en cette cause auctorise l'iniuste inuasion que les Espagnols
vouloient faire de ses Duchez sur Monsieur leur pere, pource que
les Espagnols n'auoient point d'autre pretexte de l'vsurpation qu'ils en
vouloient faire, sinon que defunct Monsieur le Duc de Mantouë estant
François, ne pouuoit succeder aux biens que le defunct Duc Vincent
II. son cousin possedoit en Italie, & condamne par consequent aussi
la protection que le defunct Roy donna à defunct Monsieur le Duc
de Mantouë ne pouuant souffrir vne vsurpation de cette qualité sur
vn pretexte si foible & si peu apparent , & Dieu qui prend vn soin
particulier des Souuerains a fait cognoistre par les succez victorieux
la Iustice des armes du Roy , & l'iniustice de celles des Espagnols.
Que si ce droict d'Aubeine qui s'exerce en Italie comme en France , n'a point de lieu contre les Princes Souuerains, mesmes dans
les successions collaterales ; Il est vray de dire par consequent qu'il ne
peut auoir de lieu en France contre vn Prince Souuerain , en vne succession en ligne directe d'vn Prince Souuerain, car comme dit Sopho-
cle la grace engendre la grace χάρις τίκτει χάριν. LA TROISIÈSME FIN
DE NON RECEVOIR est fondée sur ce que ledit Arrest du 7me Nouembre 645. a esté donné non seulement contradictoirement auec
les Dames Princesses appellantes , mais aussi de leur consentement ,
comme il paroist par la lecture d'iceluy, car ledit consentement est

porté par ledit Arreſt, & par le contract de mariage de la Royne de
Pologne qui precede l'Arreſt de deux mois. Comme on a bien
preueu que le conſentement porté par ledit contract de mariage
eſtoit vne fin de non receuoir indubitable contre leſdites Dames
Princeſſes appellantes, on l'a voulu éluder par deux objections,
L'vne que l'on dit que Monſieur le Duc de Mantoüe n'a point eſté
preſent audit contract de mariage, ny en perſonne ny par Procureur,
& l'autre que la Royne de Pologne a fait vne proteſtation contre ledit conſentement par elle preſté par ledit contract de mariage. Quant
à la premiere objection, il eſt vray que Monſieur le Duc de Mantoüe
n'a point enuoyé d'ordre à aucuns de ſes Agens & Miniſtres en France, pour aſſiſter audit contract de mariage de la Royne de Pologne,
pource qu'elle ne luy auoit pas donné aduis de ſondit mariage, comme il eſt ordinaire entre des perſonnes de leur condition, & ainſi
qu'elle y eſtoit obligée, Monſieur le Duc de Mantoüe eſtant l'aiſné
de ſa maiſon & le chef du nom, & des armes de ſa famille & le ſeul
maſle qui y ſoit encore à preſent. D'ailleurs l'abſence de Mr le Duc
de Mantoüe audit contract de mariage ne deſtruit pas le conſentement porté par iceluy, au contraire elle le rend plus conſiderable
parce que l'on ne peut pas dire qu'il ait exigé ledit conſentemét, & la
Royne de Pologne a executé de ſa part ledit contract de mariage en
ſe ſoubs-mettant au jugement du Roy pour la deciſion deſdits differens qu'il a terminez par ledit Arreſt du 7. Nouembre 1645. Quand à
la pretenduë proteſtation que l'on dit auoir eſté faite par la Royne de
Pologne contre le conſentement porté par ledit contract de mariage
elle ne merite pareillement aucune conſideration. Premierement
pource que c'eſt vne maxime conſtante que des proteſtations clan-
deſtines telles que ſont celles que l'on rapporte, ſuppoſé qu'elles
ayent eſté faites au temps qu'elles ſe trouuent dattées ne ſont d'aucune conſideration contre des actes publics & authentiques, ſuiuant la diſpoſition du droict, *L. Metum C. de Tranſact. L. Quamuis de his*
quæ vi, metuſue cauſa, & l'aduis de tous les Docteurs François dont les
vns diſent que, *Proteſtatio contraria facto, eſt inutilis,* & les autres, *Pro-*
teſtatio contraria actui cui adijcitur, nihil prodeſt. Proteſtatio contra ſubſtantiam
actus nihil valet, & à ce propos eſt remarquable la gloſe de la Loy 6me *D.*
de adquir. vel omitt. hæred. laquelle parle de celuy qui *fallens adijt hæredi-*
tatem, ou ladite gloſe ſur le mot *fallens* dit, *id eſt qui proteſtatus eſt,* pour
dire que proteſter contre vn acte que l'on fait, & auoir la penſée de
tromper eſt la meſme choſe, & qu'vne proteſtation ne peut eſtre
exempte de dol & de fraude: ce qui ſatisfaict à toutes ces Loix qui ont
eſté alleguées contre leurs ſens, pour penſer authoriſer les pretenduës
proteſtations dont on ſe veut preualoir: La loy la plus conſiderable qui

ait efté alleguée fur ce fujet,&fur laquelle on a principalemēt infifté,
eft la Loy *De Pupillo* §.*Si quis ipfi* D.*de noui operis nunciatione,* pour l'intelligence de laquelle & pour faire cōnoiftre la mauuaife application que
l'on en a faite en cette caufe,contre fon propre fens,il conuient remar-
quer que par le droiᷓ Romain l'on ne pouuoit appeller en Iugement
le Preteur qui eftoit vn Magiftrat annuel, *in ius vocari non oportet neque*
Confulem, neque Prætorem dit la Loy 2.D.*de in ius vocando,* pour les raifons
portées par cette Loy, par la mefme raifon on ne luy pouuoit pas de-
noncer vn nouuel œuure, parce que c'eftoit le Preteur mefme qui
connoiffoit des contrauentions à la denonciation,mais la Loy pour-
uoyant à l'affeurance de celuy au preiudice duquel l'entreprife eftoit
faite par le Preteur,luy donne cét expedient, *interim teftetur non poffe fe*
nunciare, lequel mot *teftetur* ne peut pas eftre pris pour vne proteftation fecrete , cachée & inconnuë au Preteur contre lequel elle eftoit
faite , car autrement le Preteur n'auroit point efté en faute d'auoir
continué fon ouurage, & par confequent il auroit efté iniufte de l'o-
bliger à demolir ce qu'il auroit fait depuis la proteftation iufques à la
denonciation du nuuél œuure; & d'ailleurs il eft commun,& triuial à
tous ceux qui ont les moindres connoiffances du droiᷓ que ces mots
teftari,conteftari, s'entendent d'vne proteftation publique & folemnel-
le,d'vne denonciation faite à la partie en la prefence de tefmoins,&de
plus , comment peut-on encore appliquer cette Loy à l'hypothefe de
cette caufe, y a il quelque Loy ou ordonnance du Royaume qui fift
deffenfes aux Dames Princeffes appellantes de faire appeller Môfieur
le Duc de Mantouë en Iugement , allegue-on quelque violence de fa
part, & s'il y en euft eu aucune les oreilles du Roy & de la Roy en Regente, n'auroient-elles pas efté ouuertes à leurs plaintes, ne pouuoit-
on pas auoir recours à l'authorité de la Cour, peut-on dire que le cre-
dit de Monfieur le Duc de Mantouë ayt efté fi grand que d'exiger des
violences de cette qualité, fuffit-il pour deftruire vn aᷓe de la qualité
de celuy du contraᷓ de mariage de la Royne de Pologne de dire en
des termes vagues non circonftanciez, qu'il y a eu de la force & de la
violence fans en nommer l'autheur, ny cotter les moindres circon-
ftances , rien n'a pû obliger la Royne de Pologne de faire cette re-
nonciatiō portée par fon contraᷓ de mariage, qu'elle a faite non feulement majeure mais dans vn âge meur & auancé; car de dire qu'elle
l'ayt faite de crainte de rompre fon mariage auec le deffunᷓ Roy de
Pologne, puis qu'elle reconnoift que cette liquidation de fes droiᷓs
eftoit neceffaire pour paruenir à ce mariage,c'eft vne marque infailli-
ble qu'elle y a donné fon confentement, car quiconque defire vne
chofe fouhaitte auffi les moyens pour y paruenir, ce qui a lieu principalement lors qu'il ne s'agit pas d'éuiter vne perte, mais d'acquerir

vne

vne chofe auantageufe? Quelle apparence doncques de croire que la
Royne de Pologne ayt proteſté contre vn acte de cette qualité dont
la Couronne de Pologne a eſté le prix, mais auec quel front peut-on
dire qu'il y a eu de la force & de la violence en ce contract de mariage
de la Royne de Pologne qui a eſté paſſé au Chaſteau de Fontaine-
bleau en la preſence du Roy, de la Royne, & de tout le ſang Royal,
receu par deux Secretaires d'Eſtat, & par lequel la Royne de Pologne
a receu le plus grand honneur qu'elle peuſt iamais eſperer, ayant eſté
mariée comme vne fille de France receu de la liberalité du Roy vne
ſomme de 600000. liures, & combien que cette ſomme ſoit vn
effect de la bonté du Roy, & qu'elle n'ait rien de commun auec ſa
dot de 1500000. liures, neantmoins comme l'vne & l'autre ſomme ſont portées par le meſme contract de mariage, on peut dire
qu'elles n'ont qu'vne meſme cauſe, *cenſentur mutua contemplatione*
facta: mutua contemplatio facit plures actus, vnum actum cenſeri, dit Balde,
& tous les Docteurs ſur la Loy *Potens C. de Pactis* ſont de meſme aduis, Le
Roy peut auoir eu diuers motifs de ſa munificence tous dignes de ſa
Majeſté, non ſeulement d'agréer le mariage de la Royne de Pologne, mais encore d'eſtablir le repos en la maiſon de Mantouë qui
luy eſt ſi eſtroictement alliée, & dont Monſieur le Duc de Mantouë
eſt le chef. Par la diſpoſition du droict ciuil tous les actes faits en la
preſence du Prince eſtoient valables encor qu'ils ne fuſſent reueſtus
d'aucune des formalitez preſcriptes & ordonnées par le droict, vne
donation meſme ſans inſinuation eſtoit valable ſi elle auoit eſté faite
en la preſenc e du Prince, *L. Sancimus*, & en l'auth. ſuiuante, *C. De donat.*
Et combien que l'ambition des Romains les euſt rendus ialoux de
leurs dernieres diſpoſitions plus que toutes les autres nations de la
terre, & qu'ils euſſent ordonné certaines formalitez ſans leſquelles ils
ne pouuoient ſubſiſter, neantmoins vn teſtament eſtoit valable quoy
qu'il n'euſt aucune des formalitez preſcriptes par le droict, s'il auoit
eſté fait en la preſence du Prince, *L. Omnium C. de Teſtam.* ce qui a eſté
ainſi ordonné par le Duc Guillaume, par vne Loy qu'il fit publier à
Mantouë le 2me iour de May de l'an 1569. & à ce propos eſt remarquable vne excellente penſée de Platon digne de cette cauſe, quand il dit
que le Soleil eſt le Prince de la terre, & le Prince le Soleil de ſon Eſtat
qui ornent, illuſtrent & perfectionnent toutes les choſes auſquelles
ils ſe communiquent ὥσπερ ἥλιος τῦ ὑρανῦ ἄρχων, ὕτω καὶ ὁ Βασιλεὺς τῆς
γῆς ἥλιος πάντα κοσμεῖ τῇ αὐτῦ παρουσία, & il ſemble que Plutarque ayt
encor voulu encherir ſur cette penſée, quand il dit que la Iuſtice eſt
la fin de la loy, La Loy l'ouurage du Prince, & le Prince l'Image de
Dieu qui rend parfait & accomply tout ce qu'il honore de ſa preſence, Δίκη μὲν νόμε τέλος ἐςὶ, νόμος δ'ἄρχοντος ἔργον, ἄρχων δ'εἰκὼν θεῦ τα

πάντα τοῖς αὐτῷ ὅμμασι κοσμοῦντος, & par consequent il n'y a nulle apparence sauf correction de vouloir pretendre qu'il y ayt eu aucune
force & violence exercée lors de ce contract de mariage passé en la
presence du Roy, si honorable, & si aduantageux à la Royne de Pologne. A l'esgard de Madame la Princesse Palatine, elle a pareillement donné son consentement audit Arrest, pource que lors qu'il luy
fust signifié Monsieur le Prince Palatin & elle, en accepterent la
signification qu'ils signerent ensemble par vn acte qui est ensuitte
dudit Arrest ; & ainsi il est vray de dire qu'il y a eu consentement
presté auant l'Arrest par le contract de mariage de la Royne de Pologne, lors de l'Arrest, comme il paroist par la lecture d'iceluy, &
apres l'Arrest par l'acceptation que Mr le Prince Palatin, & Madame
la Princesse Palatine ont faite d'iceluy ; & laquelle ils ont signée le
29ᵐᵉ Decembre 1645. LA QVATRIESME FIN DE NON RECEVOIR
est fondée sur ce que ledit Arrest est à l'aduantage desdites Dames
Princesses appellantes; car encor que deffunct Monsieur le Duc de
Mantouë leur eust fait par son testament de grands aduantages, &
que les partages qu'il leur auoit faits par iceluy excedassent, ce qu'elles pouuoient pretendre dans sa succession, suiuant les coustumes
des lieux, il est constant que les sommes de 1500000. liures, & de
1200000. liures qui leur ont esté adiugées par ledit Arrest, tant
pout la succession mobiliaire qu'immobiliaire de deffunct Monsieur
le Duc de Mantouë doublent lesdits partages ordonnez par ledit
testament, de la validité duquel il est inutile de parler d'auantage
ayant esté monstré cy-dessus que le testament de defunct Mr le Duc
de Mantouë qui a esté fait selon la disposition dudroict escrit &
l'vsage de la France & du Duché de Mantouë où il estoit demeurant, est bon & valable. Il est certain que les Dames Princesses
appellantes ne sont pas receuables de le contester, pource qu'il est
à leur aduantage d'autant que par iceluy elles ont dans la succession
de deffunct Monsieur le Duc de Mantouë leur pere plus qu'elles
n'en pouuoient esperer, *ab intestat*, suiuant les coustumes des lieux où
les biens sont assis & situez, & encor que ledit testament leur soit aduantageux, l'Arrest du 7ᵐᵉ Nouembre 1645. leur est encor beaucoup
plus fauorable, pour ce qu'il leur adiuge des sommes qui excedent de
beaucoup ce qu'elles pouuoient demander dans les biens de France,
car elles demeurent d'accord qu'elles ne peuuent rien pretendre
dans les les Duchez de Mantouë & de Montferrat, qui sont de la succession, mais non pas de l'heredité de deffunct Monsieur le Duc de
Mantouë, pource que ce sont des fiefs Royaux, dont les Seigneurs
portans le titre & dignité de Souuerains possedent les droicts & prerogatiues de l'Empire, ce sont des fiefs indiuisibles & non suiets à

Chopp. de
dom. lib. 1. tit.

legitime, pource qu'elle ne se prend que sur les biens de l'heredité dont elle fait part, & les Souuerainetez sont tousiours la pure legiti- me de l'aisné seul, & ne peuuent estré chargées ny de dot en deniers, ny de partage *ab intestat*, ny d'autre legitime par testament, car comme les legitimes font ouuerture de progrés à l'infiny, elles attireroient enfin par la necessité des demembremens la dissipation des plus grands Empires, & comme c'est vne maxime constante entre tous nos Docteurs, que *qui excluditur à successione excluditur etiam à legitima*, elle est inuiolable à l'esgard des Estats Souuerains qui sont les fiefs que les feudistes appellent *expacto*, & *prouidentia*, par exemple le Duché de Mantouë est pour les Masles seulement, & le Duché de Montferrat est aussi pour les Masles, & au deffaut de Masles subsidiairemēt pour les fe- melles; de sorte qu'ils sont deuolus à Mʳ le Duc de Mantouë, non point comme heritier de deffunct Mʳ son ayeul, mais comme aisné masle de la famille *Citra Ius*, & *nomen hæredis*. C'est pourquoy dans cette ren- contre Monsieur le Duc de Mantouë fait sa protestation que les qua- litez que les Dames Princesses appellantes ont vsurpées dans les pro- cedures de cette cause de (nées Princesses de Mantouë & de Montfer- rat) ne puissent nuire ny prejudicier aux inuestitures de ces deux Du- chez, dans lesquels tant s'en faut qu'elles puissent pretendre part, au contraire elles ne peuuent demander ny dot, ny legitime sur iceux. Que si vn puisné masle qui constamment les excluroit ne pourroit prendre ses qualitez, à plus forte raison les Dames Princesses appel- lantes ne les peuuent pretendre, puis que par l'inuestiture du Duché de Mantoüe comme filles elles en sont perpetuellement excluses, & de celuy du Montferrat, puis qu'elles ne sont point descendües du Serenissime Duc Guillaume duquel l'Imperatrice estant yssuë, il est certain qu'elle les excluroit de ce dernier Duché, suiuant les termes de l'inuestiture d'iceluy. Ces qualitez des fiefs de Mantoüe & de Montferrat sont clairemēt prouuées par leurs inuestitures Latines, dont les Dames Princesses appellantes sont demeurées d'accord en la plaidoirie de cette cause. Il en est de mesme de la Principauté de Char- les-Ville qui est vne Souueraineté independante, & non tenuë d'au- cun Supʳieur, & de faict que Madame Marguerite Paleologue n'est venuë à la succession du Monferrat qu'apres le decez non pas im- mediatement de son frere Boniface, mais de Georges son oncle der- nier masle du nom de Paleologue qui luy fut preferé, & Madame Charlotte de Bourgongne n'eust Arches, qu'apres la mort de Iean son frere, & Madame Henriette de Cleues apres la mort de François & Iacques decedez sans heritiers masles, & les filles n'ont iamais rien eu dans ces Souuerainetez, que lors que les lignes des Paleologues, de Bourgongne & de Cleues se sont trouuées espuisées de masles. Dans

9. nu. 3. & tit.
10. num 13.
Menoch. consᵒ
401. num. 24.
ubi desendo
Mantuano.

Guid. Pap.
quæst. 476. n. 2.
Tiraqu. de iure
primog. quæst.
S. num. 9.

Ces inuesti-
tures sont
transcriptes
au long par
Fr. Niger
Cyriac. tr. de
iure successf. &
par Anton.
fab. consult. de
Montefer.

Ant. Possenin
in Gonzag.
lib. 7.

Coquill. Hist.
de Niuer.

la Souueraineté de Charles-Ville, qui est au delà de la Meuze qui bor-
ne le Royaume de ce costé là, Monsieur le Duc Mantouë y establit
des Iuges & des Loix tels qu'il luy paist, il y octroye grace, fait bat-
tre monnoye & iouït de tous les droicts de Souueraineté, & les Dames Princesses appellantes ont bien elles-mesmes recogneu qu'elles
ne pouuoient rien pretendre dans cette Souueraineté, car encor
qu'apres le decez de defunct Monsieur le Duc de Mantouë, elles se
soient mises en possession de tous les biens de France dependans de
la succession contentieuse, neantmoins elles n'ont iamais osé rien
pretendre dans la Souueraineté d'Arches & de Charles-Ville & encor qu'elles ayent par leurs Lettres qui contiennent leurs demandes sur lesquelles il eschet prononcer, tesmoigné vouloir pretendre
part dans ladite principauté de Charles-Ville, comme dans les autres biens de France, neantmoins leur Aduocat qui sçait bien que
c'est vne Souueraineté dont la Cour n'est point iuge, n'a osé rien
dire à cet esgard, n'y à la communication du Parquet ny en la
plaidoirie, & au contraire il est demeuré d'accord en plaidant que
c'estoit vne principauté & souueraineté. Mais pour faire cognoistre
à la Cour l'aduantage que lesdites Dames Princesses appellantes ont
receu dudit Arrest, il ne faut considerer que deux choses, l'vne, la
qualité des sommes qui leur ont esté adjugées par iceluy qui sont
telles qu'elles ne sçauroient cotter d'exemples d'aucunes filles, non
seulement de leur Maison, qui ayent iamais eu des mariages de cette
qualité, car les filles de François de Cleues, dont l'vne fut mariée à
Mr le Prince de Condé, & l'autre au feu Prince de Porcien, & depuis à
Henry de Lorraine Duc de Guise n'eurent chacune que 90000. liures
pour vne fois payer en mariage, moyennant quoy elles renoncerent à
tous partages & successions, mais il n'y a iamais eu de fille de Roy, Empereur ou Monarque tel qu'il soit qui ait eu en mariage des sommes de
la qualité de celles quiont esté adjugées aux Dames Princesses appellantes. Et l'autre resulte de la valeur de la succession, dont il s'agit, que
l'on est demeuré d'accord ne valoir outre les meubles que 300000. liu.
de rente au plus, dont il y en a 100000. liu. de rente sur le Roy, & char-
gée de 100000. liures de rentes passiues par chacun an, enuers diuers
particuliers, & de 50000. liures de charges annuelles & ordinaires,
tellement que prenant sur le surplus vne somme de 1500000. liures
pour la Royne de Pologne, de 1200000. liures pour Madame la Princesse Palatine, il est vray de dire qu'il reste peu de chose pour Monsieur le Duc de Mantouë, tant de la succession mobiliaire qu'immobiliaire dont est question, & ainsi tant s'en faut que les Dames Princesses appellantes ayent suject de contester contre ledit Arrest du 7me
Nouembre de l'année 1645. au contraire selon leur compte mesme,

&

& par la recognoiffance qu'elles ont faite en l'Audience. L'Arreft
qui leur adjuge ces fommes immenfes , & les defcharge de toutes
debtes leur eft aduantageux , & donne fujeÅ“t de croire que ces pretenduës proteftations dont on a parlé n'ont pas efté faites au temps
qu'elles fe trouuent dattées , & que l'on ne s'eft aduifé de les faire
que lors que l'on a formé le deffein de tenter la prefente contrefta-
tion pour fe preparer au moins vn pretexte en vne affaire de cette
qualité, nonobftant l'Arreft du 7me Nouembre de l'année 1645. que
les Dames Princeffes appellantes ont non feulement follicité, mais
auffi lors d'iceluy ont pratiqué toutes fortes d'artifices imaginables
pour l'obtenir, ayant tenu vn langage bien differend de celuy que
l'on a entendu en cette Audience pour fe faire adjuger ces grandes
fommes portées par iceluy, car elles ont fait monter non feulement
les immeubles, mais auffi les meubles de cette fucceffion à des fommes immenfes , & fur le pied de la valeur qu'elles ont mifes, tant aux
meubles qu'aux immeubles de cette fucceffion qui font entierement
adjugez à Monfieur le Duc de Mantoüe, elles fe font fait adjuger,
l'vne 1500000. liures , & l'autre 1200000. liures , & ont fait charger
Monfieur le Duc de Mantoüe feul de toutes les debtes paffiues de la
fucceffion que l'on eft demeuré d'accord monter à 100000. liures de
rente par chacun an & de toutes les charges ordinaires qui montent
à 50000. liures encor par chacun an. Il eft inutile de parler en cette
caufe des meubles qui font à Mantoüe , car outre qu'il ne s'agit pas
entre les parties de la fucceffion mobiliaire des biens que defunÅ“t
Monfieur le Duc de Mantoüe poffedoit en Italie. Il eft certain qu'elle eftoit peu confiderable dans la rencontre du fac de la ville de Mantoüe, arriué en l'année 1630. dans la neceffité d'vne grande defpenfe,
& la ruine entiere de fon domaine, par les guerres continuelles qu'il
a fouffertes dans fes Eftats qui ne luy ont pas permis de reftablir feulement l'emmeublement neceffaire de fon Palais de Mantoüe, ny
faire aucune efpargne de Finances confiderable, & capable d'acquitter les debtes qu'il a efté obligé de contracter en Italie , & n'a
laiffé de meubles confiderables que ceux qu'il auoit en France en
cette ville de Paris dans l'Hoftel de Neuers, en la ville de Neuers au
Chafteau de la Caffine, defquels les Dames Princeffes appellantes fe
font emparées, & dont elles n'ont point voulu faire iufques à prefent
de reftitution à Monfieur le Duc de Mantoüe à caufe de cette pretention imaginaire dont elles fe font toufiours flattées de rentrer dans
la poffeffion du bien dont il s'agit, & en exclure Monfieur le Duc de
Mantoüe, qui pretend apres l'Arreft qu'il plaira à la Cour de prononcer, & en execution d'iceluy leur faire rendre lefdits meubles, ou leur
deduire le prix, & la valeur d'iceux fur ce qui refte à leur payer , pource
que les fommes immenfes de 1500000. liures, & de 1200000. liures,

leur ont esté adiugées pour tout ce qu'elles pouuoient pretendre en la succession dont il s'agist, & par cette mesme raison les Dames Princesses appellantes ne se peuuent pas maintenant preualoir de deux Arrests qu'elles ont obtenus au Conseil par surprise, & sur des simples requestes, l'vn par la Royne de Pologne le 29.me Septembre de l'année 1645. & l'autre par ladite Dame Princesse Palatine le 25. Feurier de l'année 1647. par lesquels elles se sont fait encor adiuger chacune vne somme de 40000. liures, outre ces deux grandes sommes portées par ledit Arrest du 7.me Nouembre de l'année 1645. A l'esgard de celuy obtenu par Madame la Princesse Palatine, la Cour obseruera s'il luy plaist qu'il n'a point esté iusques à present executé, au contraire Monsieur le Duc de Mantoüe a formé opposition à l'execution d'iceluy qui est indecise, mais puis qu'elle a porté la presente contestation en la Cour, qu'elle souftient estre seule competente de connoistre d'vne affaire de cette qualité, Monsieur le Duc de Mantoüe la supplie d'y vouloir mettre la derniere main, & de vouloir terminer cette opposition par l'Arrest qu'elle prononcera en ordonnant le payement de la somme de 1200000. liures seulement adiugée à Madame la Princesse Palatine par ledit Arrest du 7.me Nouembre 1645. & comme ladite somme de 1200000. liures luy tient lieu de partage, Monsieur le Duc de Mantoüe supplie pareillement la Cour d'ordonner que ladite Dame Princesse Palatine soit tenüe de la receuoir en corps hereditaires, c'est à dire en terres & en rentes deuës par le Roy à la succession, & pource que lesdites rentes ont vn prix certain par les contracts d'icelles, mais que le prix des terres n'est pas reglé, il plaira à la Cour d'ordonner que l'estimation en soit faite au dire d'experts. Quand à l'Arrest du 29.me Septembre 1645. obtenu par la Royne de Pologne qui luy adiuge ladite somme de 40000. liures, il ne peut pareillement subsister pour ce que sa dot a esté liquidée de son consentement, & par son dit contract de mariage, & par ledit Arrest du 7.me Nouembre 1645. à la somme de 1500000. liures pour tout ce qu'elle pouuoit pretendre, de sorte qu'elle ne peut pas empescher que la somme de 40000. liures qu'elle a touchée en vertu dudit Arrest ne luy soit precomptée sur la somme de 600000 l. qui luy reste deüe de sadite dot, mais neantmoins la Cour est suppliée de ne point prononcer de condemnation d'aucune somme certaine à son esgard, d'autant que de la somme de 1500000. liures qui luy a esté adiugée, elle a esté payée des deniers du Roy de la somme de 900000. liu. quelque deguisement que l'on ayt voulu apporter par des transports feints & simulez, pour raison dequoy il y a contestation à laquelle la Cour est suppliée de ne point prejudicier par l'Arrest qu'elle prononcera maintenant, ny pareillement aux deductions qu'il conuient faire en execution de l'Arrest qui interuiendra

à cause de ses meubles precieux , qui estoient dans l'Hostel de
Neuers de cette ville de Paris , dans la ville de Neuers & Chasteau
de la Cassine & ailleurs qui apparriennent à Monsieur le Duc de
Mantouë, tant en vertu du Testament de Monsieur son aveul que
dudit Arrest du 7ᵐᵉ Nouembre de l'année 1645. & dont lesdites Dames Princesses appellantes n'ont point fait iusques à present de restitution à Monsieur le Duc de Mantouë, encor que la valeur desdits
meubles qui luy appartiennent ayent seruy de pretexte pour se faire
adiuger ces grandes & immenses dots, sur lesquelles il conuiendra
deduire pareillement en execution de l'Arrest qui interuiendra , les
sommes de deniers qu'elles ont receuës pour les ventes des bois de
haute fustaye qu'elles ont faites , & des autres qu'elles ont anticipées
pendant le temps de leusdites vsurpations iniustes , auec despens,
dommages & interests, de la restitution des fruicts tant ordinaires
qu'extraordinaires des biens dont il s'agist pendant huict années
qu'elles ont iouy d'iceux, de diuerses sommes de deniers qu'elles ont
receuës pour le prix des suruiuances d'Offices qu'elles ont venduës
pendant lesdites années de leurs iouïssances , de l'acquittement
des charges & des rentes de ladite succession pendant le temps de
leurdite iouïssance, & de plusieurs autres choses dont Monsieur le Duc
de Mantouë entend demander la deduction pardeuant Messieurs les
Commissaires qu'il plaira à la Cour de nommer, offrant de payer à la
Royne de Pologne le surplus de ce qui luy restera deu en rentes deües
sur le Roy , suiuant le prix porté par les Contracts de Constitutions
d'icelles, ce qu'elle ne peut pas refuser, puis que sur sa dot elle a tou-
ché prés de 950000. liures en argent comptant , outre les grandes
sommes de deniers qu'elle a touchez durant huict années , & le prix
de plusieurs meubles precieux, dont elle doit tenir compte, & que
telle a esté la volonté de deffunt Monsieur le Duc de Montouë, portée par son Testament qui est confirmé , & qu'elle demeure elle-
mesme d'accord que le tiers de la succession est en rentes sur le
Roy. LA CINQVIESME FIN DE NON RECEVOIR
est fondée sur les lettres de Declaration données par le Roy à
Monsieur le Duc de Mantouë & à Madame la Princesse Eleonor sa sœur maintenant Imperatrice du mois de Ianuier de l'année
1646. par lesquelles en confirmant celles données à Monsieur le Duc
de Mantouë leur ayeul , le Roy les a declarez capables de tenir &
posseder en ce Royaume les biens adiugez à Monsieur le Duc de
Mantouë par ledit Arrest du 7ᵐᵉ Nouembre de l'année 1645. lesquelles lettres ont esté verifiées par la Cour auec Monsieur le Procureur
general purement & simplement par Arrest du 23ᵐᵉ Feurier de l'année
1646. à l'execution duquel les Dames Princesses appellantes ne sont

pas receuables de former oppofition, pource que leur confentement
a precedé les lettres que la Cour a verifiées, comme il paroift par le
Contract de mariage de la Royne de Pologne par l'Arreft du 7.me Nouembre de l'année 1645.& par l'acceptation que la Dame Princeffe Palatine a faite d'iceluy ; qu'elles ont approuué ledit Arreft de verification , puis qu'elles ne fe font point oppofées à iceluy lors qu'il a efté
rendu , & au contraire l'ont executé par plufieurs actes approbatifs
qu'elles ont faits en confequence d'iceluy. Ne fert de rien de dire
que la fucceffion dont il s'agit a efté ouuerte dès le temps du decez
de deffunt Monfieur le Duc de Mantouë , arriué au mois de Septembre de l'année 1637. que lefdites lettres n'ont efté obtenuës qu'au
mois de Ianuier de l'année 1646. qu'il faut eftre capable de recueillir
vne fucceffion au temps de l'efcheance d'icelle. D'autant que c'eft
vne maxime conftante que les lettres de Declaration ont vn effect
retroactif, c'eft l'vne des differences qu'il y a entre les lettres de naturalité & celles de declaration ; Car comme les lettres de naturalité
font de pure grace, pource qu'elles fe donnent aux veritables eftrangers , elles leur conferent vn droict nouueau qu'ils n'auoient point
à caufe duquel on doit finance au Roy, c'eft pourquoy elles n'ont
point d'efficace retroactiue : Mais comme celles de declaration fe
donnent à ceux qui tiennent vn degré moyen entre les François & les
vrays eftrangers , & comme elles n'adiouftent rien , & ne font que
declarer vn droict qui eftoit acquis, c'eft pourquoy non feulement
on ne doit point de finance à caufe d'icelles , mais elles ont auffi vn
effect retroactif, *Qui declarat, Nihil nunc dat , fed datum fignificat L. hære-*
des §. 1. D. Qui teftam. fac. poffunt. D'ailleurs la capacité qui eft requife
en vne perfonne pour recueillir vne fucceffion lors de l'efcheance d'i-
celle , eft celle du droict des Gens, ou du droict Ciuil feulement , mais
l'incapacité des Aubeins à recueillir vne fucceffion dans le Royaume
n'eft point vn empefchement qui procede ny du droict des Gens, ny du
droict Ciuil vniuerfel du Royaume : Car il n'eft point fondé fur aucune Ordonnance, Edict ou Declaration du Roy, mais fur vn vieil vfage inueteré, qui n'a lieu qu'en quelques Couftumes de la France,
quelques vns difent que ce mot d'Aubeine eft deriué du nom d'Al-
bion , qui eft auiourd'huy l'Angleterre , & qu'il a commencé au
temps du Roy Edoüard III.me du nom par la deffence qu'il fift faire
lors aux François d'habiter en Angleterre , mais de quelque temps
qu'il ayt eu lieu en France, il eft certain qu'il n'eft pas vniuerfellement
eftably dans le Royaume, car mefme il eft prohibé entre Nobles par
la difpofition dudit article 71. de la Couftume de Vitry , & il n'a point
de lieu dans la Prouince de Languedoc , ny dans tous les refforts des
Parlemens de Tholoze & de Bordeaux : De plus le motif du droict
d'Aubeine,

Polid. Virg.
Mr le Bret. tr.
de la Souuer.
liu. 2. ch. 8.

d'Aubeine , n'eſt pas la faueur des parens demeurans en France ;
mais la conſideration du public , & du ſeruice du Roy : Encor que
l'on feigne le droiƈt d'Aubeine auſſi ancien que la loy Salique ,
l'exception que l'vſage y admet pour l'excluſion du Roy par l'heritier
François, de l'eſtranger n'eſt pas conſtamment de meſme ancienneté,
puis que du temps *de Benedicti* ſur le chap. *Raynutius* les enfans meſme
nez & demeurans au Royaume n'en eſtoient pas exceptez, & auparauant l'apoſtille de Maiſtre Charles du Moulin ſur l'art. 6. de la Couſtume de Melun , cette ancienne rigueur de l'Aubeine , s'y obſeruoit
au prejudice des enfans Regnicoles : C'eſt pourquoy l'on ne peut
pas dire que cette interpretation extenſiue que les Dames Princeſſes
appellantes ont alleguée pour l'excluſion de l'enfant naturaliſé par
l'enfant Regnicole , ſoit vne loy d'Eſtat née auec la Couronne pour
venir en parallele auec la loy Salique. De ſorte que lors que la meſme conſideration exige que l'Aubein ſoit admis à vne ſucceſſion eſcheuë , & que le Prince l'habilite pour cet effeƈt , les autres plus eſ-
loignez ne s'en peuuent plaindre raiſonnablement , pource que le
Roy en la perſonne duquel reſide l'intereſt public eſt ſeul , & principal intereſſé , car les autres parens ne ſont appellez à la ſucceſſion
que par occaſion ou indirectement , non tant d'eux-meſmes que par
l'incapacité d'autruy , & quoy qu'ils euſſent cependant vn droiƈt acquis , ce n'eſtoit point vn droiƈt incommutable , mais reſoluble &
dependant de la volonté du Prince ; Et comme parle Maiſtre Charles du Moulin en pareil cas , *Implicitas erat caſus reſolubilitatis per reſti-*
tutionem Principis. C'eſt tout de meſme que celuy qui eſt condamné
d'vne condemnation qui emporte confiſcation de biens , s'il eſt remis en ſon entier par le benefice du Prince , ſoit par voye de grace ou
de iuſtice , Il eſt conſtant qu'il rentre en tous ſes biens au prejudice du
Seigneur ou autre confiſcataire , nonobſtant le droiƈt acquis à celuy
qui auoit profité de ladite confiſcation , pource que c'eſt vne maxime
conſtante en Droiƈt que les reſtitutions ſoit de grace , ſoit de iuſtice
retrogradent & remettent les choſes en leur entier, *L. Qui ſi §. reſtitutio.*
D. de Minor. Il a eſté ainſi iugé par Arreſt du Parlement de Rouën du
1. Fevrier de l'an 1564. rapporté par Berault ſur la Couſtume de Normandie, c'eſt l'aduis de Maiſtre René Choppin, & de Maiſtre Charles
du Moulin ſur la Couſtume de Paris, où il dit *Qui bonis ademptis depor-*
tatus fuit , & beneficentia Principis in integrum poſtea reſtitutus , ciuiliter re-
uiuiſcit , & recuperat bona etiam in integrum alienata dummodo alienatio
immediate ex ſententia , & confiſcatione proceſſerit , & cite ſur ce ſujeƈt les
les loix 1. & *Fin. C. de Sent.* paſſis & reſtit. par la meſme raiſon les parens
qui n'auoient autres droiƈts qu'en conſequence de la peine eſtablie
par vn ancien vſage , & leuée par le Prince doiuent ſouffrir ſans

*Lib.*1.*de Dom.*
tit. 9. num. 13.
& 14.
§.1. *Gl.* 9. *num.*
41.

Y

murmure, que cette habilitation ait vn effeƈt retroaƈtif. Les Doƈteurs
passent encor plus auant : car ils soustiennent sur la loy derniere, *C. Si*
contra Ius, vel vtilit. pub. que le Prince Souuerain peut deroger au
droiƈt acquis à vn tiers, pour quelque cause que ce soit, ou du droiƈt
des gens, ou du Droiƈt ciuil, si l'interest public exige vne derogation
de cette qualité, & se fondent sur la loy *Item si verborum* 15. §. 1. *D. de*
Rei vindic. L. Lucius 1. *D. de Euiƈt. Salus populi supremà lex esto,* d'où est
né cet Axiome, *Summum Ius, summa injuria.* Cette maxime de l'effeƈt
retroaƈtif des lettres de naturalité ne peut plus estre reuoquée en
doubte, apres les deux Arrests prononcés en robes rouges és années
1576 & 1605. cy-dessus alleguez, en l'espece du premier desquels Marie Mabille ne vint en France, & n'obtint Lettres de naturalité que six
ans apres le decez d'Annette de Vaux son ayeule, de laquelle la Cour
la declara heritiere, & lesdits Lormandieres ne vinrent en France,
& n'obtinrent Lettres de naturalité que vingt-cinq ans apres la
mort de leur pere à la succession duquel ils furent admis. Que
si cette maxime est véritable au faiƈt des simples Lettres de naturalité, on n'en peut pas doubter à l'esgard de celles de Declaration de la
qualité de celles données à Monsieur le Duc de Mantouë, d'autant
plus qu'elles contiennent vne clause particuliere par laquelle il est
dit qu'elles confirment celles données en l'année 1634. à defunƈt
Monsieur le Duc de Mantouë, par lesquelles defunƈt Monsieur le
Duc de Mantouë, & le sieur intimé son petit fils sont declarez capables de tenir & posseder en ce Royaume les biens dont il s'agit, lesquelles Lettres estans precedentes de trois années le decez dudit
defunƈt sieur Duc de Mantouë & l'ouuerture de sa succession, & ayans
esté confirmées par celles du mois de Ianuier de l'année 1646. qui ont
esté verifiées par la Cour, il est sans difficulté que soit dans la these
generale, soit dans les circonstances particulieres, on ne peut contester l'effeƈt & l'execution desdites Lettres de declaration. La
sixiesme et derniere fin de non recevoir est
fondée sur ce que lesdites Dames Princesses appellantes ont executé lesdits Arrests des 7. Nouembre 1645. & 23. Feurier 1646. par plusieurs aƈtes authentiques & geminez qu'elles ont faits volontairement, car en consequence d'iceux elles ont quitté à Monsieur le
Duc de Mantoüe la iouyssance de tous les biens dont il s'agit dans
la possession desquels il s'est mis en consequence desdits Arrests par
ses Ambassadeurs & Agens au veu & au sceu desdites Dames Princesses appellantes : La iustice a esté exercée dans toutes les grandes
terres & Duchez dont est question sous le nom, & par les Officiers de
Monsieur le Duc de Mantoüe, qui a fait casser publiquement & en
cette Audience par diuers Arrests contradiƈtoires, qu'il y a obtenus

les furuiuances que lefdites Dames Princeffes appellantes auoient dónées à diuers Officiers dependans defdites terres dont eft queftion pendant le temps de leur vfurpation : elles ont receu diuerfes fommes de deniers dont elles ont donné quittances en execution defdits Arrefts, elles ont fait diuerfes ceffions & tranfports au profit des vns, & donné des mandemens aux autres pour receuoir des fommes de deniers de Monfieur le Duc de Mantoüe fur les fommes qui leur auoient efté adjugées par lefdits Arrefts, elles ont intenté des fommations contre Monfieur le Duc de Mantoüe comme Duc de Neuers, de Rethel & Mayenne, & en qualité d'heriter de defunct Monfieur fon ayeul en France. Quand on a manqué de payer à Madame la Princeffe Palatine les interefts de fa dot à elle adjugée par ledit Arreft elle a fait proceder par voye de faifie fur Monfieur le Duc de Mantoüe, mefme pour fon payement a pourfuiuy fes Officiers iufques à tel excez qu'elle a fait emprifonner fon treforier quand il a manqué de la payer conformement audit Arreft, elles ont obtenu diuers Arrefts, tant en cette Cour, qu'au Confeil Priué du Roy, & contradictoires, & fur leurs Requeftes en execution de celuy du 7me Nouembre de l'année 1645. & Madame la Princeffe Palatine a paffé iufques à tel poinct de mefpris de l'authorité de la Cour, qu'elle a prefenté Requefte au Confeil expofitiue, qu'encor que le Roy fe fuft referué par ledit Arreft du 7me Nouembre de l'année 1645. la cognoiffance de l'execution d'iceluy; neantmoins la Cour auoit entrepris d'en prendre connoiffance, & mefme auoit donné vn Arreft au preiudice d'iceluy, quoy qu'elle fuft incompetente de ce faire, & en confequence a demandé la caffation de l'Arreft de la Cour, comme donné par des Iuges incompetens, & fans pouuoir, (ce font les termes de fa Requefte) fur laquelle elle a obtenu Arreft au Confeil le 26. Fevrier de l'année 1647. par lequel elle a fait caffer ceux que la Cour auoit rendus auec grande cognoiffance de caufe; & quand il n'y auroit que lefdits deux Arrefts du Confeil obtenus fur Requefte par les Dames Princeffes appellantes les 29. Septembre de l'année 1645. & 25. Fevrier de l'année 1647. qu'elles ont fait fignifier, & qui ont efté communiquez à Monfieur l'Aduocat general, elles ne feroient pas receuables en leurs pretentions, quoy qu'elles ne puiffent tirer à prefent aduantage defdits deux Arrefts par les raifons cy-deffus reprefentées. ENFIN Monfieur le Duc de Mantoüe adjoufte deux dernieres confiderations, l'vne qu'il eft le feul mafle qui refte aujourd'huy, du nom, & des armes de ces grands perfonnages, Comtes, & Ducs de Neuers qui ont rendu des feruices fi fignalez à la France dans les Batailles d'Azincourt, Fournoüe, Dreux, Sainct Quentin, & autres actions memorables mentionnées en noftre Hiftoire; & comme il

importe à l'honneur de cette Couronne de ne point laiffer perdre en
France le nom de maifons fi Illuftres, l'Eftat a interest que les biens
dont il s'agit demeurent à Monfieur le Duc de Mantouë, qui efpere
que Dieu benira fon mariage de la naiffance de plufieurs enfans, &
que la France verra vn iour l'vn de fes puifnez poffeder auec gloire &
honneur la qualité de Duc de Neuers & de Rethel, qui fera reuiure
en fa perfonne les noms & les belles actions de tous ces Illuftres He-
ros, dont on ne parleroit iamais en France, fi les biens dont il s'agit
paffoient entre les mains des Dames Princeffes appellantes, qui ont
defia perdu le nom & les armes de leurs familles, que leurs enfans ne
fçauroient faire reuiure, pour ce que, comme difent nos Docteurs,
l'agnation finit en la perfonne des filles, & leurs enfans ne font point
de la famille. L'autre confideration refulte des tefmoignages fignalez
d'affection que deffunct Mr le Duc de Mantouë a rendus à la France
en qualité de Duc de Mantouë, & de ceux que Monfieur le Duc de
Mantoüe rend encore à prefent à cét Eftat. On fçait auec quelle con-
ftance deffunct Monfieur le Duc de Mantoüe a refifté aux armes des
Efpagnols que pour fe conferuer les bonnes graces du deffunct Roy,
Il a hazardé fes Eftats fouuerains d'Italie, & fa propre perfonne; car il
eft veu qu'il ne luy reftoit que fa feule Ville de Mantoüe dans laquelle il fut contraint de fe refugier, quoy que pleine de pefte, &
fans efperance d'aucun fecours, & en fuitte a veu cette Ville af-
fiegée & pillée par les Allemands & Efpagnols, dans le fac de laquelle il a perdu plus de dix millions de liures. Ces riches def-
poüilles du Palais de Mantoüe qui caufoient de l'admiration aux
Curieux & aux Eftrangers, font maintenant l'ornement de plufieurs Palais de diuers Princes de l'Europe; & enfin pour dire
plufieurs chofes en vn mot, deffunct Monfieur le Duc de Mantoüe a fouffert telles perfecutions à caufe de cét Eftat, qu'il fut
nommé par toute l'Italie le Martyr de la France : Et le deffunct Roy
a reconnu le zele & l'affection de defunct Monfieur le Duc de
Mantoüe lors qu'il luy mift par depoft entre les mains cette Place fi
importante dans l'Italie, qui fert de Bouleuert & de Rempart contre
les vfurpations que les Efpagnols voudroient faire du cofté de l'Eftat
de Milan, la Capitale de fon Duché de Montferrat, la Ville de Cazal,
& a fouffert pendant vingt années vn logement des armées du Roy
dans les principales places de ce mefme Duché. La Cour a veu en fon
audience Monfieur le Prince de Mourgues receuoir de la main libe-
rale du Roy vn Duché & des terres de confequence en France pour
auoir receu vne garnifon Françoife dans fa place de Monaco, & on
demande en cette mefme audience que la Cour defpoüille vn Duc de
Mantoüe du patrimoine de fes Anceftres qui luy appartiennent par

les

Peregr. art. 26.
num. 30. & 31.
Molin. conf. 31.
num. 12.

les droicts du sang & de la nature, & en vertu du Testament de defunct Monsieur son ayeul, apres auoir logé & receu des armées entieres du Roy, pendant vne longue suitte d'années, dans son pays, où elles ont fait plus de degasts que ne vallent les biens dont il s'agit. Le Roy a esté pleinement asseuré par les Lettres qu'il a receuës du defunct sieur d'Argençon son Ambassadeur vers la Republique de Vese qui a passé à Mantouë par l'ordre de sa Majesté, de l'affection & attachement de Monsieur le Duc de Mantouë & de celle de ses principaux Ministres enuers cette Couronne. Mais comme en matiere d'Estat on considere plus les choses que les personnes qui sont mortelles, outre ce gage personnel de la deuotion de Monsieur le Duc de Mantouë enuers l'Estat, la France a interest d'auoir vn gage reel, pour l'attacher à elle non seulement comme vn Prince allié & confederé, mais comme vn fidel vassal comme Duc de Neuers & Rethel ; car comme dit l'Ecclesiaste personne ne sçait quel heritier il doit laisser, *Cap. 20.* & encor moins peut-on respondre de ses inclinations; C'est pourquoy les Sages Princes, quoy qu'asseurés des bonnes intentions de leurs alliez s'efforcent tousiours de joindre à la consideration de l'amitié, celle d'vn interest transmissible en la personne de leurs successeurs. Cette maxime a esté prattiquée auec adresse par les Roys d'Espagne qui retiennent la plus part des Princes Souuerains d'Italie dans leurs dependances, par le moyen des terres que ces Princes Italiens possedent dans les Royaumes de Naples, de Sicile, & d'Espagne. Monsieur le grand Duc de Florence possede dans le Royaume de Naples la Principauté de Capistrane acheptée par le defunct grád Duc François pour Dom Anthoine de Medicis son fils naturel, & plusieurs autres belles terres & Seigneuries, tant de son chef que de celuy de Madame la Duchesse de Florence seule fille & vnique heritiere du dernier Prince d'Vrbin de la maison de la Roüere. Monsieur le Duc de Parme a dans l'Albruzzo, le Duché de Ciuita Dipenna, Citta Ducale, Lionessa, & plusieurs autres belles terres de grand reuenu. Monsieur le Duc de Guastalle de la maison de Gonzagues y a la Principauté de Molfetta, & Darian, de grand reuenu, ausquelles il a succedé par la mort de Dom Ferdinand son bis-ayeul. Le Roy de Pologne y possede des terres & rentes à cause de la deffunte Reyne de Pologne sa mere, qui estoit sœur de l'Empereur Ferdinand II. L'Eglise Romaine de laquelle releue le Royaume de Naples, y possede Beneuent, & autres terres, & villes, & plusieurs Seigneuries, & familles principales de l'Estat de Gennes comme Doria, Spinola, & autres y possedent pareillement de grandes terres & Seigneuries, & encor que le droict d'Aubeine ait lieu dans les Royaumes de Naples & d'Espagne, comme il a en France, neantmoins lors qu'il est arriué des mutations par

Z

mort dans les Duchez de Florence, Parme, & dans les maifons de tous ces autres Princes, on n'a iamais oppofé à leurs fucceffeurs qu'ils fuffent Aubeins, & demeurans hors les Royaumes de Naples, & d'Efpagne, pour les exclurre defdits biens qui y font fituez. Si les Roys d'Efpagne en euffent vfé autrement ils auroient trouué moins de facilité, ou pluftoft beaucoup plus d'obftacle & d'oppofition en leurs entreprifes d'Italie, car la crainte de la confifcation a fouuent retenu ces Princes, & les a obligez de conniuer aux deffeins des Efpagnols, & comme Archidamus Roy de Lacedemone felon le tefmoignage de Thucidide difoit que les Lacedemoniens, ne pouuoient auoir vn meilleur gage de la retenuë des Atheniens que le terroir mefme de l'Attique toufiours expofé aux incurfions des Lacedemoniens quand bon leur fembleroit, & concluoit qu'ils n'en deuoient point faire de degaft tant qu'il y auroit apparence d'accord, de crainte, difoit-il, que les Atheniens n'ayans plus rien à perdre de ce cofté-là ne s'oppofaffent à leurs deffeins auec plus de fermeté & de refolution: Ainfi les Roys d'Efpagne ont creu qu'il y alloit de l'intereft de leur Monarchie de maintenir ces Princes d'Italie en la poffeffion des terres fituées dans leurs Eftats, dans l'apprehenfion qu'en eftans dépouïllez, l'Efpagne ne perdift par mefme moyen le gage de leurs dépendances. Cette caufe eft de grande confequence pour Monfieur le Duc de Mantoüe, puis que l'on luy contefte la proprieté de trois Duchez des plus confiderables de la France, & d'autres terres de grand reuenu, mais comme le Roy a de grandes pretentions dans l'Italie, il luy importe & à l'honneur de la France, de ne point perdre vn vaffal de la qualité de Monfieur le Duc de Mantoüe, & il importe encor à l'authorité du Roy, qu'en vne caufe de cette qualité dont la decifion eft attendüe de toute l'Europe, & qui tire apres elle de grandes confequences à l'Eftat, que la Cour ne prononce rien qui puiffe donner atteinte à vn Arreft fi folemnel, de la qualité de celuy du 7. Nouembre de l'année 1645. & qu'elle ne defpoüille pas vn Prince fouuerain proche parent du Roy allié, & confederé de cette Couronne, fils & petit fils d'vn pere, & d'vn ayeul François de l'ancien patrimoine de fes Anceftres pour en reueftir des filles fi richement dottées & appannées, mariées à deux Princes Eftrangers, & efloignez de cette Couronne. *Cauffa iubet melior fuperos fperare fecundos.*

PARTANT conclud à ce que les Dames Princeffes appellantes foient déclarées non receuables en leur appel demandes, lettres, & oppofition. BIGNON POVR LE PROCVREVR GENERAL DV ROY. A DIT, que la premiere confideration qui femble eftre à faire en cette caufe vrayement illuftre par la condition des parties & des biens conteftez, eft la douleur & le regret que l'on doit auoir qu'elle ne se traite en execution de la paix generale tant souhaitée & tant attenduë de tous les gens de bien, puis que cette succession de Mantoüe escheüe au defunt Duc Charles premier par le deceds de Vincent II. arriué au mois de Decembre 1627. a esté le commencement, & l'vne des causes principales de la guerre qui a depuis continué entre les deux Couronnes, & de tant de miseres que la Chrestienté a souffertes & souffre encor à cette occasion, & ce d'autant plus mesme que le faict de la cause n'est autre que l'Histoire de nostre temps, & de tout ce qui s'est passé depuis en France & en Italie, qui doit fournir de lumiere necessaire à plusieurs difficultez qui se rencontrent en l'affaire presente. Car estát question de sçauoir si le defunt Duc de Mantoüe, & celuy qui est auiourd'huy, sont sujets à la loy d'Aubeine, & si par leur incapacité de pouuoir tester, ou succeder aux biens situez en France, les Princesses de Mantoüe ont pû recueillir de plein droict, & incommutablement dés l'instant de la mort de leur Pere ses biens de France, à l'exclusion de leur Nepueu, & sans considerer le Testament dudit defunt comme nul à cet égard, fait par vn François de naissance à la verité, mais deuenu estranger par l'acceptation d'vn Duché, & Principauté souueraine, & sa demeure, & deceds hors de France. Il est important, voire necessaire de pezer exactement, quel a esté le sujet de sa retraite, & sortie de ce Royaume, quel en suite son estat & sa condition, & quels peuuent auoir esté ses deportemens, pour de là iuger s'il a perdu par ce moyen ses droicts de Naturalité Françoise, veu qu'en ces matieres, où il est question de l'Estat, & de la condition d'vne personne, la Loy Romaine a donné deux reigles principales pour se conduire par sa raison, à la decision des differens de cette espece. L'vne est, que cela depend de l'esprit, de la volonté & intention de la personne dont il s'agit. Et l'autre, que les preuues de tels faicts ne doiuent estre empruntez d'ailleurs que des choses mesmes, & des circonstances qui s'y rencontrent. Et comme c'est ce qui peut former les difficultez de la cause, cela mesme estant aussi bien examiné, doit entierement seruir à la decision claire & nette d'vne matiere, qui produit assez de particularitez considerables, & beaucoup de raisons generales de part & d'autre, sans qu'il soit besoin de iuger ny decider quant à present l'vne des questions proposées, & incidentes en ce faict; Car l'on a mis en question ce poinct important de difficulté, à sçauoir si les Princes Souuerains sont exempts du droict d'Aubeine, à cause de l'eminence de leurs dignités, & de ces tiltres de fraternité & affinité dont ils ont accoustumé de se traitter de tout temps les vns les autres depuis la plus haute antiquité, ainsi que la preuue s'en rencontre mesme dans le texte sacré au troisiesme liure des Rois, outre les témoignages frequens qui se lisent és Histoires

Grecques & Latines, bien qu'au contraire l'on puisse dire que c'est
cette mesme fraternité, & cette condition pareille de dignité, & de
fonction quelquesfois, & souuent inegale en estendüe, & en puissance
qui rompt la fraternité, & ne luy laisse que la ciuilité du nom, & du
compliment. Et comme l'vnité de mesme obeyssance, & subjection,
sous mesmes loix, & domination, donne & attribüe l'vsage, & la par-
ticipation des droicts Ciuils d'vn Pays, & d'vne Nation, aussi la diuersité de subjection, & de Loix, ou l'independance, & la superiorité es-
gale en son espece, & en son détroict doit causer vne separation toute
entiere, & produire par cette qualité d'Estráger, l'vn à l'autre le droict
d'Aubeine que l'on sçayt estre vzité en plusieurs Royaumes : mais particulierement en la France, où il est en effet si ancien que l'on n'en
voit point l'origine non plus que des autres Loix fondamentales de la
Monarchie. Les Testamens de Charlemagne & de Louis le Debon-
naire en fournissent pourtant vne preuue assez expresse ; car ces
grands Princes en partageant leurs Empires & Royaumes entre leurs
enfans, ils les reseruent & appellent reciproquement aux successions l'vn de l'autre, & veulent que les subiets d'eux tous succedent respectiuement en tous leurs Estats, à l'exception des Vassaux qui ne le pourroient faire pour raison de leurs Fiefs, & de
leurs deuoirs, à cause du seruice personnel, & de la dépendance particuliere qu'ils doiuent à leurs Seigneurs, qui est encore vne singu-
liere remarque de l'antiquité, & de l'vsage des droicts de fief ; tellement que cette precaution & Ordonnance vaut vne derogation speciale, & fait preuue d'vne obseruation contraire s'il n'en eust esté autrement disposé, dont on peut aussi necessairement inferer que les
exemples qui se trouuent dans nos Histoires des successions d'Angleterre, & d'ailleurs à quelques biens & Seigneuries de France
sont fondez sur des traittez & conuentions particulieres, comme
l'on void auoir esté pratiqué au dernier Siecle, & en celuy-cy és
mariages des Duchesses d'Vrbin & Ferrare, & de la Royne de Pologne, & peu auparauant au traitté fait auec les Princes de Sauoye, mais pour se renfermer dans les circonstances & particularitez de la cause ; il est vray que la difficulté n'est pas petite que le
feu Duc Charles premier acceptant le Duché de Mantoüe, n'ayt
voulu & entendu par cét acte renoncer à la qualité de François, &
n'en ait perdu par consequent tous les droicts, comme estant chose incompatible d'estre Sujet & Souuerain, ou mesme Sujet & Vassal
d'vn autre Prince ; veu mesme que par son inuestiture & hommage,
il s'est declaré par exprés Sujet, & dans la dépendance & protection
de l'Empereur ; De faict il a tousiours agy auec le Roy comme Souuerain, & le Roy l'a traitté de la sorte ; Il y a eu ligue & confederation

faite

faite pour le proteger en cette qualité de Prince Souuerain entre le Pape, le Roy & la Republique de Venize; Il a vsé de tous les droicts, prerogatiues & facultez dont iouyffent les Princes Souuerains, & c'eft roufiours depuis porté pour tel, & principalement en la guerre, & au fait des armes, qui ne s'exercent que par des Souuerains. Et qu'apres cela il y ait lieu de douter qu'il n'ait pas entendu changer de condition, & quoy que fon affiette fuft moins affeurée, & fonEftat en effect moins heureux, il n'ayt pas toutesfois eftimé que c'eftoit le comble de fes vœux, & que ce tiltre ne foit pas confideré par ceux de fa condition, comme l'on a dict autresfois du ConfulatRomain, pour eftre le fou-uerain bien des hommes du Siecle, il ny a point d'apparéce & n'en faut pas chercher, ny rapporter dautres preuues, & conjectures, mais ne fçayt-on pas qu'il a faict ce qu'il a peu pour s'accomoder auec l'Em-pire, & auec l'Efpagne, & offert d'y viure en pareil eftat de dependan-ce, & de bonne intelligence que les Ducs fes Predeceffeurs. Comme en effet la nature, & fituation de l'Eftat de Mantoüe trop proche à la verité, & trop voifine de Cremone pour fon propre bien femblent l'a-uoir obligé à renoncer à la France, afin de pouuoir durer auec l'Efpa-gne, des Eftats & puiffance de laquelle il fe voyoit entouré; Si bien que par fon titre, par la condition de fes places, & par l'intereft de fa fubfiftance, il a deu defirer, & rechercher par effet de n'eftre plus François, & de fe laiffer emporter par les mouuemens d'vne nouuelle & plus haute fortune. Et quoy qu'il ayt obtenu des Lettres deDeclara-tion duRoy pour eftre difpenfé du droict d'Aubeine luy & fon petit fils dés l'année 1634. neantmoins l'on voit qu'il les a gardées fans les faire verifier, comme s'il auoit eu peur que cela n'euft pû nuire à l'accom-modement qu'il traitoit auec l'Empire & l'Efpagne, iufques à ce que la mort l'ayt furpris en eftat d'irrefolution fur ce point: de forte que comme la capacité de fucceder fe confidere au temps qu'vne fuccef-fion eft deferée, il y a auffi raifon de dire que l'ouuerture ayant efté faite en cet inftant, elle s'eft auffi toft renfermée. Ioint que par la ma-xime du droict François couftumier, le mort faifit le vif; & partant en ce moment la fucceffion des biens de France ayant appartenu aux Princeffes de Mantoüe demeurées en France, feules capables lors d'y fucceder, le Teftament du defunt eft demeuré nul à leur egard, & le Duc fon petit fils né en Italie & d'vne mere Italienne, a efté exclus de plein droict, par les Dames fes tantes fans y pouuoir reuenir, non pas mefme par le moyen d'vne nouuelle declaration qui ne doit ofter vn droit aquis, ny auoir lieu que pour l'aduenir, & non au prejudice d'vn tiers, & d'vn proces intenté encor à prefent indecis. Car de s'arrefter aux fins de non receuoir refultans de l'Arreft du 7me Nouembre 1645. comme fi c'eftoit chofe iugée, il ne feroit pas raifonnable, puis qu'il a

A a

esté rendu à la verité comme par le Roy seant en son Conseil, mais
sans forme ny procedure quelconque, sans que les parties ayent esté
oüyes par le Roy, ny qu'elles ayent fourny par escrit leurs moyens &
deffences reciproques. De maniere que par l'intention du Roy mesme
la voye d'interpretation, & d'explication necessaire, voire si besoin
estoit de retractatió reste toute entiere, d'autant plus qu'à present il y a
opposition formée à l'execution d'iceluy, dont leurs Majestez trouuẽt
bon que le Parlement en connoisse, aussi bien que naturellement cette auguste Cour des Pairs est juge de toutes ces sortes de causes, & des
personnes de cette qualité. Outre que la Princesse Palatine n'ayant
ny comparu ny deffendu, & ne s'estant particulierement soubmise,
comme la Royne de Pologne a cette forme extraordinaire de Iustice,
il est vray de dire qu'il n'a peu estre rien valablement iugé contre elle,
& qu'ainsi en matiere indiuiduë comme d'vne heredité, ou d'vn partage, l'interest d'vn heritier conserue le droit de l'autre, & luy donnant ouuerture de restitution le deliure du mal des prejugez. Et ce
peut dauantage aduancer cette proposition, que l'effet de l'euocation
resoluë par le feu Roy à sa propre personne de ces differens pour la succession de Mantouë estoit fini & esteint par sa mort, parce que quand
il plaist aux Roys de cognoistre eux-mesmes, & se rendre iuges de
quelque grande affaire, bien qu'ils soient la viue & perpetuelle source
de toutes les Iustices, & Iurisdictions de leur Royaume, Ils exercent
neantmoins en cela vn acte de volonté speciale & particuliere, qui
depend plus de leur personne que de leur dignité, laquelle comme
elle ne meurt iamais, mais si font bien les pensées, & mouuemens de
leur conduite, & administration personnelle. Il n'en est pas comme
d'vne euocation portant renuoy, establissement de Iuges, & attribu-
tion. De sorte que ce desir tesmoigné par le feu Roy, de vouloir luy-
mesme prendre la peine d'accommoder l'affaire ou la decider, estant
vn soin, vn dessein, & vne affection particuliere de sa Royale personne, Il ne peut pas estre facilement imaginé auoir passé auec la succession du Royaume dans l'esprit du Roy à present regnant, mesme pendant sa minorité, & sans nouuelle euocation, & tesmoignage precis
d'en vouloir vser ainsi, & continuër la mesme procedure ; laquelle
d'ailleurs se trouue destituée du consentement & soubmission volontaire des parties, horsmis de la Royne de Pologne, par son contract de
mariage, qui fait voir que la chose estoit desia arrestée, & le iugement
conçeu long-temps auant qu'il fust prononcé, & n'y a eu aussi par effet ny audition des parties par Aduocats ny deffences, escritures, ou
moyens fournis, & deuëment signifiez. Ce qui du moins estoit necessaire pour la perfection d'vn tel acte, quand bien l'on diroit que les
formes sont tousiours supplées par la presence du Prince qui se peut

diſpenſer de ſes propres loix, & des ſolemnitez de droit, mais non pas
de celles qui ſont eſſentielles par raiſon, & par nature, comme la cita-
tion, & aſſignation valable des parties, leur audition & conteſtation.
Mais d'autre part, ſi l'on conſidere la queſtion de l'Aubeine ſur la nullité pretenduë du teſtament du feu Duc de Mantoüe, & de l'incapacité de ſucceder du Duc qui eſt à preſent. Il ſe trouuera par les circonſtances, & particularitez de la cauſe, & par la conſideration des temps
& des affaires, auſſi bien que par la diſpoſition & intention des perſonnes, qui peuuent donner lieu à ce droit d'Aubeine, ou le faire ceſſer
que l'on n'eſt pas aux termes d'y pouuoir ny deuoir prononcer à la rigueur. Au contraire ſuiuant la doctrine des Arreſts rendus en la matiere ſur le fait de l'vſage, & de l'intelligence de cette loy Françoiſe,
qui ſubſiſte plus en telles traditiues, & aux prejugez de ce Parlement,
qu'en aucune loy eſcrite, ou reiglement expres. Il y a lieu de faire icy
vne interpretation benigne & fauorable, entierement conforme aux
reigles d'vne exacte juſtice, auſſi bien qu'aux intereſts d'Eſtat, leſquels, quoy que ſouuent oppoſez aux voyes de la iuſtice contentieuſe,
& qui ne doiuent pas auſſi d'ordinaire eſtre meſlez & confondus,
comme il faut des lumieres & conduites diſtinctes & ſeparées, ne laiſſent pas quelquefois de deuoir eſtre conſiderez, & de faire partie de
ces grandes raiſons vniuerſelles, & de cette équité generale qui a lieu
par tout, & doit touſiours eſtre ſoigneuſement balancée. Car ſi les
deux maximes du droit Romain qui ont eſté poſées ſont veritables, à
ſçauoir que le domicile & droit de cité d'vne perſonne, ſe doit reigler
par les teſmoignages de ſa volonté & de ſon intention, & qu'en cas
de doute la preuue s'en doit prendre du faict & de la choſe meſme, par
l'vne & l'autre des raiſons appliquées aux circonſtances de cette cauſe,
l'on ne peut pas dire que ny le deffunt Duc de Mantouë ayt perdu la
qualité de François, ny que le Duc d'apreſent ſoit Aubein, & eſt ran-
ger, & partant incapable de ſucceder en France aux biens que ſon
ayeul y poſſedoit, puis que par les Arreſts, vn François ne deuient
point eſtranger & incapable de ſucceſſion, par quelque longue demeure & abſence qu'il ait peu faire hors le Royaume, ſi ce n'eſtoit en
qualité d'ennemy, transfuge, deſerteur, & traiſtre à ſon païs, ou qu'il
euſt renoncé au priuilege de ſa naiſſance par declaration expreſſe, ou
acte de pareille valeur, la France comme vne bonne mere luy tendant
touſiours les bras, & ne voulant pas oublier ny fermer ſon giron aux
enfans qu'elle a receus dans le monde. Ils y ſont meſme bien venus
quand ils veulent y retourner, encor qu'ils fuſſent partis auec intention de s'attacher ailleurs, & facilement reprennent leur qualité naturelle, & tous les droits qui y appartiennent, s'ils n'eſtoient legitime-
ment preſcrits ou eſcheus pendant le temps qu'il eſtoit certain qu'ils

se tenoient pour estrangers eux-mesmes, & ne vouloient plus estre reputez pour François, & semblablement les enfans des François nez
hors le Royaume & de mere estrangere, bien qu'estrangers en effet
voulans venir enFrance,& estreRegnicoles y sont fort aisément admis,
& ne leur faut que des lettres de Declaration. Le deffunt Duc acceptant vne Souueraineté estrangere a peu de verité estre estimé auoir
voulu renoncer par cet acte à la qualité de François, & ce faisant auoir
changé de condition, de sujet du Roy en celle de Prince souuerain,
mesme d'vne autre dependance, & hommage, mais si son intention
n'a pas esté telle par vne resolution pleine, & absoluë, si celle du Roy
n'a esté non plus de luy laisser perdre le nom de François, & l'affection
Françoise; au contraire s'il se l'est voulu conseruer en cette qualité, si
les ennemis de la France l'ont reputé pour François, si l'Italie & toute
l'Europe l'ont consideré comme tel, si ses interests, & la necessité de
sa conseruation l'ont obligé à vouloir & deuoir demeurer François, si
sa gratitude & son inclination, l'ont perpetuellement conforté en cette resolution, si l'honneur & les interests de la France requierent par
necessité que l'on l'estime tel, & si tous les deportemens, & toutes les
actions de sa vie font preuue manifeste de ses intentions. Et enfin si la
preuoyance qu'il a euë pour cela en faueur de son petit fils par l'obtention des lettres de declaration, & les autres raisons particulieres pour
sa personne, font assez clairement connoistre que ny luy, ny son petit
fils, n'ont iamais voulu perdre le droit & l'auantage d'estre Frãçois.
Pourquoy les vouloir rendre estrangers malgré eux, les exclurre, & les
priuer de ce qui leur appartient sous pretexte de ce droit d'Aubeine
qui doit cesser en leur personne, puis qu'il ne peut pas conuenir ny
leur estre appliqué. Le feu Duc de Neuers est party de France pour recueillir la succession du Duché de Mantoüe, & de Monferrat. C'estoit
honneur à la France qui a autresfois donné des Princes & des Roys à
diuerses nations de la terre, & dont il reste encor tant de branches illustres d'vne si noble tige: C'estoit l'interest de la France que ces Estats
de Mantoüe & de Montferrat, & les belles & fortes places de ces Sou-
ueraineter, ne fussent pas vsurpez par la puissance d'Espagne, de peur
qu'elle ne vint à se rendre Maistresse de l'Italie, & par là redoutable à
tous ses voisins; de sorte qu'il se peut dire veritablement qu'il a tousiours seruy le Roy & la France en vsant de son bien, & se maintenant
en ses droits ,& qu'il a porté plûtost la France en Italie qu'il ne l'a lais-
sée & abandonnée. Les armes qu'il a esté obligé de prendre pour sa
defence contre l'vsurpation entreprise sur ses terres, villes & citadel-
les,ont esté toutes Françoises & pour la France; & il a soustenu en cela
la cause & les interests de la France, lesquels n'estoient pas neantmoins à l'effet ny à dessein d'estendre ses limites & sa domination,

auquel

auquel cas on pouuoit confiderer Mantouë & Cazal comme fes frontieres & fes dehors, mais feulement pour empefcher vn plus grand
mal pour appuyer la meilleure & plus iufte caufe qui fut iamais, proteger vn Prince iniuftement opprimé, & trauaillerà la conferuation
de la liberté de toute l'Europe de la Chreftienté, & de l'Eglife mefme
qui l'a ainfi reconnu, & ce que fait tous les iours vne petite Lettre de
declaration, & de naturalité (quoy que ce foient chofes bien diffe-
rentes en leur fubftance) qui s'obtiennent fi aifément, & ne fe refu-
fent à perfonne, & comme difent quelques fçauans autheurs François pour vne finance modique, dont encor le plus fouuent on fait
don par les mefmes Lettres, & fe conuertit en aumofne, l'on void
ceffer le droiƈt d'Aubeine, exercé ailleurs auec dureté & barbarie, ne
fe feroit pas par vne volonté fi expreffe du Roy, cette volonté a efté
publiée par tout le monde, & tefmoignée par fes armes, par fa prefence, & par fes longs voyages, où il a bien voulu expofer fa perfonne
& toutes les forces de fon Royaume pour conferuer le Duc de Mantouë qui eftoit iniuftement attaqué, voire defpoüillé en effet par les
prifes des Villes de Mantouë & Cazal, & toufiours depuis le commencement de la fucceffion efcheuë, perfecuté pour cela feul qu'il
eftoit François, parent & feruiteur du Roy, engagé & obligé infepa-
rablement à la France, ce feroit certes vne application peu raifonnable du droiƈt d'Aubeine, mais du tout contraire à la raifon de fon
eftabliffement, qui eftant fait pour le bien & aduantage de la France, ne doit pas feruir à fon dommage, & luy caufer vn preiudice fi
notable à fon honneur & à fes interefts; L'interpretation en feroit
captieufe & tout à fait injufte. S'il eft queftion de fçauoir fi le feu Duc
de Mantouë a renoncé à la France, & eft deuenu eftranger, qu'on le
demande aux Efpagnols: Ils ont tefmoigné ouuertement, & dit pour
tout pretexte de leur inuafion, quoy que fi vniuerfellement condam-
née, que l'exclufion qu'ils luy auoient formée n'eftoit qu'à caufe que
fa naiffance, fon éducation & nourriture, fes affeƈtions & fes interefts, outre l'honneur qu'il auoit d'appartenir au Roy, & les grands
biens qu'il poffedoit en France l'y attachoient par trop, & que n'en
pouuant eftre pour iamais feparé, ils n'y pouuoient prendre confian-
ce, ny par confequent le fouffrir. Leurs Lettres & Manifeftes contiennent tels ou femblables difcours qui tefmoignent leurs penfées
& leurs deffeins fur ce fujet. Les Hiftoires efcrites par d'autres que
par des François le difent par exprés, & c'eft pour cela que leur haine
a efté auffi peu aifée à appaifer que leurs interefts, qu'ils eftimoient
ne pouuoir ceffer que par la ruine du Duc de Mantouë, ou la fpolia-
tion de fes Eftats, & iufques à ce qu'ils l'euffent obligé de retourner
en France: Ils n'ont iamais pû ny voulu prendre creance aux offres

d'accommodement qu'il leur faisoit faire, quelque entremise qu'il y
ait eu pour cela de mediateurs considerables, & quelque consentement que la France y ait voulu apporter pour le bien de la paix generale, & pour le repos de la Chrestienté: Si l'on s'enquiert de la mesme
chose aux autres Nations, & particulierement à l'Italie, s'est il autrement parlé en tous ces temps-là du Duc de Mantoüe que comme
d'vn François demeuré tousiours François, traitté & poursuiuy par
les Espagnols comme François : vn Historien moderne de nation
Italienne (c'est le Comte Gualdo Priorato) a escrit de ce Prince qu'il
n'auoit pû perdre ses mœurs, inclinations & affections Françoises, &
que s'ils s'en fust pû deffaire, cela luy eust seruy & profité dauantage,
que les armes qui ont esté employées pour sa protection, adioustant
encore cette particularité qu'il connoissoit tres-bien, que pour cela
il n'estoit pas aimé de ses Sujets de Mantoüe, bien qu'autrement ses
vertus les obligeassent à ce deuoir, pour ce que ce Peuple, dit-il, d'ailleurs peu enclin & affectionné enuers les Estrangers, ne le pouuoient
regarder que comme cause des maux qu'il auoit soufferts par vne
si fascheuse guerre, & par le cruel sac de la Ville de Mantoüe. Quant
au Roy, outre les assistances de fait qu'il a renduës au feu Duc de
Mantoüe, l'ayant restably à viue force dans son Estat de Montferrat,
& tant par les diuersiós de ses forces que par son authorité fait rendre
sa Ville de Mantoüe, lors qu'il en estoit entierement spolié, & accor-
der l'inuestiture par l'Empereur, il en a parlé en tels termes, qu'il s'est
tousiours plaint du procedé des Espagnols, de ce qu'ils vouloient ac-
cabler vn Prince né François, & obligé de l'estre par gratitude, & par
necessité d'interest legitime pour ce Duc; Il a pris & contregagé la
Sauoye & le Piedmont pour luy, Il a voulu acquerir auec vne despense incroyable, & par vne dexterité de negotiation nompareille vne
porte en l'Italie, afin d'estre tousiours assez à temps pour le secourir
contre les forces d'Espagne, pour luy & pour la seureté de la paix generale, il a fallu entretenir continuellement des armées dans le Montferrat, & à Cazal, cette place ialouse qui fait mal aux yeux des Espagnols, & se peut dire estre à l'esgard de l'Estat de Milan, comme il a
esté dit autresfois de l'Isle d'Egine vne maille en l'œil au port de Pyre,
& aux Atheniens; & apres cela le feu Duc de Mantoüe, & celuy qui
l'est auiourd'huy seroient dits & qualifiez estrangers, & traittez comme tels auec toute rigueur? Cela certes ne se peut par les raisons de la
Iustice de la gratitude reciproque de l'interest & de l'honneur de la
France & des Princes de la maison de Mantoüe, Ils sont obligez
estroitement à la France, puis que c'est à elle que cette branche doit
son establissement & sa conseruation, & le Duc mesme d'apresent en
quelque façon la cause de sa naissance, outre le principe de son

origine, à l'esgard de ses Ancestres, il doit par consequent reconnoistre ciuilement cette obligation, & la France doit aussi aimer & cherir son bien-fait, & ne pas souffrir que par traittement rigoureux, & par la dure subtilité du droict d'Aubeine, on en diminuë le prix & la valeur. Si l'on veut encore examiner le faict par les autres circonstances de la volonté & intention du feu Duc, apres tant d'actes importans, peut-elle estre encore reuoquée en doute, il laissoit en France les Princesses ses filles, & par leur moyen y conseruoit en effet vn domicile, où il auoit ses meubles ordinaires, & mesme les precieux de sa premiere condition, & cela d'autant plus necessaire, qu'outre que sans la consideration de la guerre, il eust sans doute emmené ses filles, & les eust retenuës auec luy, pour y viure ensemble auec plus de douceur & de tendresse & dans la jouyssance de l'esclat d'vne si haute fortune, & au milieu des splendeurs d'vn Prince Souuerain resident dans ses Estats. Il voyoit de plus la necessité de se conseruer vne retraite asseurée contre les accidens de la fortune presque tousiours iournaliere, & souuent infidelle aux plus grandes puissances, mais dont il auoit si rudement esprouué le retour, lors qu'à la surprise de sa Ville de Mantouë, il se vid en vn moment necessité de sortir par composition peu honorable du fort de Porto, prest à estre forcé, & de se retirer en petite compagnie auec sa famille aux lieux les plus proches, sur les Estats du Pape. Cette image miserable, comme il est à croire, se representoit tousiours à luy pour se considerer soy-mesme, comme personne vrayement incertaine de son estat, dont l'affermissement dependoit de l'éuenement d'vne guerre, & pour estre par aduanture le prix de la victoire entre deux plus grands Princes. Son Testament peut faire aisément penetrer sa pensée sur ce poinct. Il a fait encor tout ce qui estoit en luy pour satisfaire d'abondant aux doutes qui pouuoient naistre à l'occasion de l'Aubeine sur sa condition, & de son petit fils, ayant dés l'an 1634. eu recours à la grace du Roy, en effect necessaire pour le petit fils né hors le Royaume, & obtenu lettres de Declaration à cette fin : Que si elles n'ont esté verifiées, ce ne peut auoir esté par crainte de se declarer, puis que cela n'esclattoit pas dauantage au dehors, & ne luy pouuoit estre non plus objecté par les Espagnols qu'au feu Duc de Mantouë pere des derniers Ducs qui auoient impetré ce priuilege de naturalité, & de pouuoir succeder en France comme auoit fait vn autre Duc & vn Prince de Mantouë long temps auparauant, & d'ailleurs ce deffaut de verification en ces matieres fauorables, & qui ne faisans tort à personne, ne requierent connoissance de cause que pour la forme, ne doit pas tousiours estre pris à la rigueur, veu qu'elle ne se fait pour l'ordinaire qu'en la Chambre des Comptes, parce qu'anciennement il falloit payer vne taxe arbitraire

& confiderable pour cela , & c'eft l'origine de cette forte de verification qui ne fe fait guieres ailleurs, mais dont les effects fe confiderent
& fe declarent au Parlement pour l'effect des fucceffions , & autres
droicts appartenans aux Sujets du Roy, verification de plus qui pouuoit eftre faite tout à loifir mefmes apres la fucceffion efcheuë. C'eft
en quoy confifte la difference entre des lettres de Nobleffe , ou de legitimation , ou mefme de naturalité qui donnent & attribuent des
droicts aux perfonnes qui les obtiennent qu'ils n'auoient point auparauant, & ne peuuent auffi auoir aucun effect retroactif, ny preiudicier à vn droict acquis incommutablement , au lieu qu'en ce cas , &
où il ne faut que des lettres de Declaration , ce n'eft que leuer vn obftacle & vn empefchement , & remettre les hommes dans vn vfage
naturel de leur liberté , & du priuilege de leur naiffance & origine. Et
ces droicts d'Aubeine ayans efté introduits & referuez à l'aduantage
du Prince & du public, il n'y a rien de plus facile que de n'en vfer pas,
& de ne l'objecter par celuy-mefme , qui a le plus de fujet de s'en feruir & preualoir : Il a toufiours efté ainfi iugé en pareilles rencontres,
& fur des declarations obtenuës pendant les procez intentez pour
des fucceffions efcheuës, nonobftant le droict pretendu par des heritiers qui fe difoient venir fucceffiuement , & eftre appellez par les
Couftumes, qui n'ont efté iamais confiderez en tel cas comme droicts
incommutables , mais comme pouuans , & debuans ceffer par telles
declarations furuenantes , & comme il fe void en l'efpece des Arrefts
de Cenamy, de Mabile, ou de l'Angleffe, des Sauoyards, Officiers
de la Ducheffe de Sauoye, d'Armentieres , la Briere, & autres pour la
plus part donnez au public, & fe pratique encor ainfi en matiere be-
neficiale à l'efgard des deuoluts obtenus fur des Eftrangers pourueus
de benefices quand ils prennent lettres de Declaration ou de permiffion de tenir benefices, mefmes depuis le procez : Et enfin comme
par les regles mefmes receües en faict d'Aubeine vn enfant né en
France de pere & mere eftrangers deuenus Regnicoles non feulement leur fuccede , mais auffi conferue à fes freres, bien que nez hors
le Royaume , & fans luy autrement incapables le droict de fucceder
auec luy, parce que l'on n'a pas creu qu'il fuft iufte que la naiffance
de cét enfant ne profitaft qu'à luy feul ; mais que ce bien-fait & équité
d'interpretation deuoit eftre eftendu à fes freres, qu'il ne peut & ne
doit exclurre. Ne feroit-ce pas contre toute bien feance que les Princeffes de Mantoüe fe feruiffent du priuilege de leur naiffance pour
exclurre en vne fucceffió de ligne directe leur propre nepueu, chef de
leur maifon du nom & des armes des Duchez & Principautez Souueraines du tiltre augufte defquels elles tirent bonne partie de leur
grandeur ; encore pis de fouftenir que leur deffunct pere eft deuenu
eftranger.

eſtranger & qu'il ſoit decedé en eſtat de ſeparé & retranché de la
France & par maniere de dire comme banny & exilé, Luy qui auoit
touſiours ſouſtenu l'honneur & les intereſts de la France, & qui
eſtant redeuable de beaucoup d'honneur de deference & de gratitude enuers cette Couronne, Il luy eſtoit auſſi deu par elle beaucoup de
ſecours, de faueur & d'aſſiſtance, ſans qu'on luy peuſt dénier toutes
ſortes de moindres graces, & de ces priuileges qui ſe donnent au premier qui les demande. Peut encor n'eſtre pas obmiſe cette raiſon,
que puis que pour eſtablir le droict d'Aubaine en la perſonne d'vn
François demeurant hors le Royaume, il faut declaration expreſſe ou
acte équipolent, auſſi eſt-il iuſte de ne pas iuger la condition d'vne
perſonne comme eſtrangere, pendant que ſon Eſtat eſt conteſté,
& qu'il en eſt luy-meſme incertain. Or tel a touſiours eſté pendant ſa
vie le feu Duc de Mantouë, qui n'a peû pourtant eſtre eſtimé auoir
choiſi & determiné vne autre Patrie, & vn domicile nouueau à ſon
preiudice, & de ſa famille auparauant que ſes affaires fuſſent aſſeu-
rées, & pour leſquelles y ayant encor guerre, & different entre les
deux Couronnes, il falloit en attendre l'éuenement & que le Dieu
des batailles en euſt decidé. Mais s'eſtant mis en peine de pouruoir
à ſa ſeureté & de ſon petit fils par vne Declaration du Roy, c'eſt tout
le reſpect & la preuoyance que l'on auroit ſçeu deſirer de luy pour
ſçauoir ſa volonté & ſa reſolution en cette matiere, en laquelle apres
cela l'on ne luy doit imputer le defaut de verification par les conſiderations qui ont eſté touchées. Bien moins pourroit-on l'obiecter
au Duc ſon petit fils mineur, & en fort bas aage, lors du deceds & de
l'ouuerture de la ſucceſſion de ſon ayeul, pour laquelle s'il eſtoit be-
ſoin de pourſuiure la verification des lettres deſia impetrées pour luy
le manquement & la negligence de ſes Agens & Procureurs ne luy
deuroit pas nuire. Et comme toutes les voyes de reſtitution ſont ouuertes aux mineurs pour les garder de dommage, & empeſcher de
perdre leur bien, ils ſont pour cela à l'abry & ſoubs l'ombre des loix
& ſoubs la defence des Magiſtrats. Ce ſeroit choſe indigne que celuy
qui auroit eſté ſoubs la protectió des armes du Roy, & quaſi touſiours
ſoubs ſa tutelle, manquaſt de cette meſme protection en la iuſtice, laquelle on voit auſſi luy auoir eſté procurée par le Roy & la Royne Regente ſa mere auec beaucoup d'équité & de conſideration, par l'Arreſt du 7me Nouembre 1645. auquel encor qu'il y ayt quelque choſe à
dire, il ſe peut prendre neantmoins pour vn traité d'vne affaire d'E-
ſtat & de haute conſequence vtilement meſnagée, & en effet pru-
demmét terminée à la reſerue de certaines formalités & de quelques
plus grandes ſeuretez que l'on y pourroit deſirer, comme euſt eſté
entr'autres pour derniere perfection vne adreſſe à cette Cour pour y

Cc

C

eſtre enregiſtré, ce qui a meſme eſté fait & executé en partie par les lettres de Declaration expediées en conſequence, & faiſans mention d'iceluy. Mais enfin il eſt vray qu'il ſe ſouſtient non par ſa ſeule autho-rité, mais par l'équité de ſa diſpoſition ; puis qu'en maintenant le Duc de Mantoüe en la ſucceſſion de ſon ayeul, & qu'à cet effet toutes let-tres de Declaration & diſpenſe d'Incolat luy ſeroient expediées, Il a pleu à ſa Majeſté ſur les conferences qui auoient eſté faites touchant l'eſtimation valeur & qualité des biens, liquider les droicts desPrinceſ-ſes par forme d'arbitrage & d'équité ſuprême, & en conſideration de la grace qu'elle faiſoit aux parties, tant par la conceſſion de ſes lettres de Declaration, (moyen d'ailleurs neceſſaire pour obliger le Duc de Mantoüe à entretenir le iugement, ſi par plus grand reſpect il ne ſy eſtoit tenu) que par la Royale munificence exercée à l'endroit de la Royne de Pologne en faueur de ſon mariage, à ſçauoir les droicts ſuc-ceſſifs de la Royne de Pologne à la ſomme de quinze cens mil liures, en conſideration de la volonté du pere qui luy donnoit cent mil eſcus de plus, en cas qu'elle fuſt mariée à vn Roy ou fils de Roy, par vne penſée digne de ſon affection, & proportionnée à ſon courage & à l'é-minence de ſa famille & de tant d'illuſtres alliances & qui a eu ſuccez ſelon ſon deſir, comme pareillement par le meſme Arreſt les droicts ſucceſſifs de laPrinceſſe Palatine ont eſté liquidez à douze cés mil liures, & par des Arreſts poſterieurs rendus par le Roy en ſon Con-ſeil, ces Princeſſes ſe ſont encor fait adiuger quarante mil liures de plus, outre la décharge de leurs ioüiſſances. Au reſte la proteſta-tion de la Royne de Pologne contre le conſentement, & ſoubmiſſion portée par ſon contract de mariage ne pouuant eſtre valable contre vn acte ſi ſolemnel & ſi aduantageux pour elle, ny par conſequent eſtre preſumé venir d'elle & de ſa pure inclination. Veu qu'outre qu'il n'y a pas meſme de principe en ſa cauſe, elle a receu en ce rencontre, où l'on ne trauailloit en effet que pour elle, & pour l'hôneur d'vn ma-riage ſi glorieux tout l'auantage qu'elle pouuoit ſouhaiter. De ſorte qu'ayant pleu à leurs Majeſtez par vn témoignage de ſinguliere bon-té déclarer qu'ils la marioient comme fille de France, auec vn don d'vne ſomme immenſe de ſix cens mil liures, quand elle auroit ſouf-fert quelque diminution par l'eſtimation de ſes droicts ſucceſſifs, & y ayant ſi volontairement renoncé par vn tel acte & en tel moment, il eſt à preſumer de ſa vertu & de tous ſes ſentimens genereux, qu'elle ne s'en voudroit pas plaindre ; comme ſans doute il y a lieu de croire qu'elle n'y a conſenty que par vn autre mouuement digne de ſa bon-té & de ſa pieté, en conſideration de la Princeſſe Palatine ſa ſœur & pour luy ayder en la pourſuite de ſes droicts. Que ſi par l'ancien droict François vne fille qui a eſté mariée quand elle n'auroit eu qu'vn

chappeau de rofes, dit vne de nos Couftumes, fignifiant par là la
Couronne de la ceremonie des Nopces, ne peut pas dire qu'elle
ne foit pourueüe, & fuffifamment appanagée, ny rien demander
dauantage. A plus forte raifon en ce faict où cette Princeffe a acquis tout d'vn temps vne double Couronne, celle de fon mariage &
d'vn des plus grands & plus nobles Royaumes de la Chreftienté, &
d'vne nation auffi ciuile & polie, que naturellement belliqueufe &
d'ailleurs des plus amies de la France. Et quant à la Princeffe Palatine,
comme elle auroit le plus de fujet de fe plaindre, & qu'en effet le jugement & arbitrage du Roy ne l'obligeroit pas fi elle eftoit lezée en
la liquidation & eftimation de fes droicts; auffi eft-il certain qu'il n'y a
aucune lezion, & cela paroift par le calcul de la valeur des biens qui
fe peut affez aifément iuftifier par les pieces reprefentées de part &
d'autre, & qui ont feruy de fondement à l'Arreft. On en eft auffi demeuré d'accord en l'audience iufques à s'en feruir, pour dire que s'a-
giffant de peu de chofe apres cette eftimation, & toutes les deductions à faire cela ne vaudroit pas quafi la peine d'eftre difputé à ces
Princeffes; & par là il a clairement apparu qu'elles n'infiftent qu'aux
moyens d'exclufion à caufe de l'Aubaine qui eft le fuiet du principal
& de leur premiere demande, & qu'elles auroient eu par ce moyen la
meilleure partie de la valeur du bien de la maifon le plus clair & le
plus net, puis qu'elles font defchargées de toutes debtes & charges
quelconques, & que par confequent tout l'auantage eft de leur cofté.
Tellement qu'apres cela il n'y auroit aucune apparence de vouloir
entamer la difpofition d'vn Arreft à la forme duquel l'on doit tant de
refpect & d'ailleurs fi équitable & fauorable pour ces Princeffes.
Mais bien eft-il iufte & neceffaire de pouruoir à la Princeffe Palatine,
pour la feureté de fon bien & pour la maniere de fon payement, qui
a efté referué par l'Arreft auquel elle a auffi acquiefcé par plufieurs
fois & par tant d'actes approbatifs; & ainfi eftime luy qui parle, que
par toutes fortes de raifons, & de confiderations publiques & particulieres, Il y a lieu de mettre fur les appellations, demandes, lettres &
oppofition, les parties hors de Cour & de procez; ce faifant, maintenir le Duc de Mantoüe en la poffeffion des biens à luy écheus par la
fucceffion du feu Duc de Mantoüe fon ayeul, à la charge de payer à
la Royne de Pologne les fommes à elle adjugées, & de bailler & de-
laiffer à la Princeffe Palatine en corps hereditaires, de la fucceffion
iufques à la valeur de douze cens mil liures, & qu'à cette fin eftimation fera faite des biens reftans en ce Royaume de la maifon de Mantoüe par tels de Meffieurs qu'il plairra à la Cour commettre, fi mieux
n'ayme le Duc de Mantoüe luy faire payer dans le temps qui fera auffi arbitré par la Cour, la fomme de douze cens mil liures en deniers

comptans & le temps passé n'y sera plus receu, ains procedé à l'estimation & deliurance de terres iusques à la concurrence d'icelle.
LA COVR sur l'opposition à l'execution de l'Arrest du vingt-trois
Feurier mil six cens quarante six, appel des saisies & criées, lettres
pour estre releuées & demandes contenuës en icelles pour estre
maintenuës en la succession, A mis & met les parties hors de Cour, &
de procez, & ce faisant ordonne que la Dame Princesse Palatine
sera payée de la somme de quatre cens mille escus en corps heredi-
tai-res, qui seront estimez par deux des Conseillers de la Cour qu'il luy
plairra commettre, si mieux n'ayme le sieur Duc de Mantoüe payer
dans trois mois à ladite Dame ladite somme de quatre cens mil escus,
& cependant sera tenu de payer les interests par quartier, de trois
mois en trois mois. FAIT EN PARLEMENT le troisiéme Aoust mil six
cens cinquante-vn.

Signé, DV TILLET.

*Collationné à l'Original par moy Conseiller & Secretaire du Roy, Maison
& Couronne de France, & de ses Finances.*

CIII

EXTRAICT DES CLAVSES DV
Teſtament de deffunct Monſieur le Duc de Mantoüe, en
ce qui concerne le partage de ſes biens entre ſes heritiers.

V NOM DE LA TRES-SACREE, ET INDIVIDVE TRINITE, deuant laquelle proſterné humblement, inuoquant ſa Bonté & ſapience infinie; à ce qu'il luy plaiſe nous inſpirer à eſcrire dans ce preſent Teſtament que nous auons voulu faire de noſtre propre main, les dernieres & iuſtes volontez qu'vn Prince de noſtre qualité, & vray Chreſtien doit auoir pour ordonner apres ſon decedsles choſes neceſſaires d'eſtre faites pour le bien repos & manutention de ſes Eſtats, & lequel nous auons iugé à propos de faire en temps que nous nous trouuons encor par la grace de ſa diuine Majeſté en parfaite ſanté; afin de ne ſe pas remettre aux derniers iours de la vie, où les maladies ſe rencontrent quelquesfois telles qu'il eſt difficile de ſe pouuoir bien appliquer, & faire entendre ſes volontez, eſtant d'ailleurs ce nous ſemble pluſtoſt temps conuenable de penſer & recourir à la miſericorde & grace de Dieu tout bon & Tout puiſſant, que de s'embaraſſer des choſes terriennes, & qui peuuent en tel poinct diuertir les penſées de cét objet principal, ſeul alors neceſſaire, & partant apres auoir recommandé à ſa miſericorde infinie mon ame ſi pechereſſe deuant elle, & inuoqué l'interceſſion de la tres-ſacrée, glorieuſe & immaculée Vierge Marie, que nous auons tenuë dés noſtre enfance pour principale Protectrice & Aduocate, comme encor le Bienheureux Sainct Michel Archange, & tous les ſacrez Ordres & Hierarchies celeſtes & en particulier noſtre bon Ange Cuſtode & tous les Saincts & Sainctes de Paradis; Nous declarons, & affirmons que noſtre derniere volonté, & intention eſt telle qui s'enſuit.

Premierement, que mon corps ne ſoit ouuert, &c.

Dd

Et parce que nous ne pouuons sçauoir si le temps de nostre deceds preuiendra celuy des mariages des Princesses nos filles, & que
ne les pouuans colloquer de nostre viuant, pour n'en rencontrer
peut-estre les occasions telles que requierent leurs qualitez & naissances; Elles pourroient apres nostre mort demeurer incertaines de
ce qui leur deuroit appartenir, pour oster tout sujet de procez qui ne
pourroient apporter que grands troubles dans nostre Maison, où
nous y desirons au contraire conseruer toute vnion & amitié & telle
qu'elle doit estre entre personnes si proches. Nous auós estimé à propos de declarer en tel cas ce que nous voulons & ordonnons qu'elles ayent en partage auec les conditions, & clauses que nous y
croyons conuenables pour leurs vtilitez & seuretez. Et partant nous
donnons, & delaissons en partage à la Princesse Marie nostre tres-
chere, & tres-aymée fille aisnée les Terres Seigneuries & rentes
qui s'ensuiuent franches, & quittes de toutes debtes, desquelles nous
pourrions estre chargez & redeuables tant en France, Italie, que
ailleurs que nous rejettons sur tous nos autres biens qui ne seront
compris, & specifiez cy-apres dans les partages de nos filles comme
suffisans & bastans d'y satisfaire, & à beaucoup plus grande somme,
Lesquelles Princesses nos filles nous prions attendu les grandes affaires & debtes de la Maison de se vouloir aussi contenter des partages que nous leur laissons & destinons, lesquels nous auons crêu
faire, de sorte qu'elles, ny le Prince nostre petit fils n'auront aucune occasion de s'en plaindre, ny de penser que nous n'y ayons ob-
seruétoutes les circonstances qu'vn bon Pere doit auoir pour ses enfans. Premierement, le Marquisat d'Isles, la Baronnie d'Eruy, & Vicomté de sainct Florentin, auec toutes leurs appartenances & dependances sans en rien reseruer, Comme aussi la rente que nous
auons sur Orleans, qui est de dix huict mil cinq cens liures de rente
annuelle; comme aussi encor la demeure & proprieté du Chasteau de
la Cassine au Duché de Rethelois, iusques à ce qu'elle soit mariée, à
condition aussi de renoncer en suitte de ce partage en faueur du
Prince Charles nostre petit fils, à tous autres biens de la Maison successions, & toutes autres pretentions tant paternelle que maternelle, & generalement tout ce qui luy pourroit escheoir de tous ces costez là, & de plus nous entendons que venant à mourir sans estre
mariée, ou l'estant elle n'eust point d'enfans que ce qui restera de ses
biens retourne à la Maison, & profit du Prince susdit comme fils de
son frere aisné, & chef de ses armes à la reserue toutesfois du Vicomté de sainct Florentin, duquel nous luy donnons la libre disposition
en mourant, ou se faisant Religieuse au profit de tels de ses heritiers,
ou parens qu'elle voudra choisir, & choisissant la vie Monastique;

ſe pourra encor retenir ſa vie durant par forme de penſion annuelle,
deux mil eſcus de France ſur leſdits biens. Et à la Princeſſe Anne ſa
ſœur noſtre tres-chere, & tres-aymée fille puiſnée, nous luy donnons,
& delaiſſons pareillement pour ſon partage les Terres Seigneuries, &
rentes cy-apres declarées aux meſmes conditiós, & renonciations qui
ont eſté ſpecifiées dans celuy de la Princeſſe ſa ſœur, n'y changeant
autre choſe, ſinon qu'au lieu qu'elle à pouuoir de diſpoſer d'vne Terre; Celle-cy l'aura de la rente d'Anceruille qui eſt de 48000. liures de
principal, & de pouuoir ſeulement retenir ſe faiſant Religieuſe, en
forme de penſion quinze cens eſcus de France, & pour ſa demeure
tant qu'elle reſtera fille, le Chaſteau de Defize en proprieté, les ex-
hortant neantmoins toutes deux, de ne ſe point ſeparer de demeure
tant qu'elles feront à marier, ce qui leur ſera touſiours plus honorable & vtile, Son partage ſera donc des Terres de Sainct Valery, &
Cayeux ſur la Mer en Picardie, de Beaumetz & Goyenual, auec toutes leurs appartenances & dependances, de la rente d'Anceruille qui
eſt de trois mil liures par an, de la nouuelle rente que nous auons ſur
Paris, dont le ſort principal eſt de ſix vingts mil liures, ou vn peu plus,
de la rente que nous auons ſur les Receptes generales de Paris, Clergé,
& Aydes dont le ſort principal eſt de la ſomme de trente mil liures;
de la rente ſur Bourges qui eſt de principal de treize mil liures: Et en
cas que la Princeſſe Marie vienne à ſe marier la premiere, la Princeſſe Anne jouyra de la demeure, & de la proprieté de la Caſſine tant
qu'elle demeurera fille, & en cas que nos ſuſdites filles, ou l'vne,
ou l'autre ne ſe mariant pas, aymaſſent mieux pour quelque conſideration de ſeiourner en Italie, le meſme partage en France leur ſera donné y pouuant faire venir leurs reuenus, ſi il n'eſtoit iugé plus à
propos & vtile à elles, & à leur neucu, de leur donner de l'argent
en cét eſtat, & à luy de le receuoir en France, auec le reuenu de ſes
autres Terres de delà; Et pourront leſdites Princeſſes choiſir vne de
nos maiſons en ce Duché dont elles auront la proprieté leurs vies durant, ne ſe marians pas, comme elles l'auoient de celles que nous
leur auons cy-deſſus ſpecifiées en France; à ſçauoir la Caſſine à l'v-
ne, & le Chaſteau de Defize à l'autre, & pourront eſtre celle-cy de
Gotio, Gaſolo, ou Courianne: & en cas qu'il ſe trouuaſt neceſſaire &
vtile pour le bien de noſtre maiſon, & pour l'aquit des debtes que
nous auons en France, de vendre auec quelques aduantages aucunes des Terres cy-deſſus nommées dans les partages des Princeſſes
nos filles, entre cy & le temps de noſtre deceds, & de leurs jouïſſan-
ces, Nous voulons en tel cas qu'il leur ſoit pourueu en leur donnant
autres Seigneuries de meſme valeur & qualité que ſeroit celle-là, &
en ſorte que telle vente ne leur peuſt apporter aucun deſacroiſſemét

ou defauantage, puifque noftre intention eft, & a efté qu'elles euffent en toutes libres poffeffions, les chofes cy-deffus nommées, ou en
leur deffaut la mefme qualité du reuenu & valeur, en autres pieces
de la maifon & à leur fatisfaction, ce que nous auons eftimé à propos
de fpecifier icy, en cas de prompt accident qui nous empefchaft d'y
fatisfaire dés noftre viuant, ne voulant que le Prince Charles noftre
petit fils puiffe entrer en jouyffance qu'en fatisfaifant à cette condition, & non autrement ce que nous inferons en ce prefent Teftament
à bonne fin, Et pour marque de noftre bonne & droite intention enuers les perfonnes qui nous font fi proches, & pour ofter toute forte
d'occafion qui leur pourroit empefcher de bien viure enfemble
felon que Dieu & la proximité les y oblige & que nous le defirons
paffionnément. Et bien que l'Abbeffe d'Auenay noftre tres-chere, &
tres-aimée fille aye renoncé en fe faifant Religieufe Profeffe aux
biens temporels de noftre Maifon, & à toutes fortes de fucceffions,
& qu'elle foit tenuë de fe fatisfaire de la penfion annuelle que l'on
luy a deftinée fa vie durant, Si eft-ce que pour marque de noftre bien-
veillance & memoire en fon endroit nous luy auons encor voulu
augmenter la fufdite penfion de celle de deux mil liures de France
que nous ordonnons luy eftre payée de quartier en quartier fur le reuenu du Duché de Rethelois. Et outre nous donnons en partage à la
Princeffe Eleonor noftre tres-chere, & tres-aimée petite fille la fomme de trois cens mil efcus de cette monnoye de Mantouë qui luy fera donnée en argent comptant lors qu'elle viendra à fe marier, & cependant la rente pour fon entretenement fur ce Duché ou celuy de
Montferrat à cinq pour cent pendant qu'elle demeurera fille, à condition auffi de renoncer à toutes fucceffions paternelles en faueur de
fon frere, & qui fera fon heritier en cas qu'elle ne vint à fe marier,
eftant affeuré d'ailleurs qu'il luy fera d'vn fi bon naturel qu'il ne luy
refufera iamais rien de ce qu'il luy fera neceffaire, & iugé conuenable pour maintenir la grandeur & la reputation de la Maifon, & conformément à la qualité du Prince qui la pourra rechercher en mariage, outre ce qu'elle doit encor efperer des biens de Madame la Princeffe fa mere noftre tres-chere, & tres-aimée belle fille, laquelle
eftant de fi bon naturel comme elle eft enuers fes enfans, ne l'a
lairra iamais manquer de fon cofté de ce qu'elle debura iuftement
faire pour elle, & arriuant que aucunes de nos fufdites deux filles, ou noftre petite fille fuft recherchée en mariage d'vn Prince de
plus haute dignité & qualité que la leur, comme feroit vn Empereur,
Roy, & fils ou frere d'vn grand Roy, & duquel l'alliance fe trouuaft
autant vtile que honorable à la maifon, Nous voulons qu'il luy
foit donné pour cette confideration & pour faciliter dauantage
l'euenement

l'euenemēt de son partage cy dessus declaré la sóme de cent mil escus de France à prendre sur le plus clair bien de la maison, soit en France, ou Italie, ce qui s'estend en ceux de la succession du Prince nostre petit fils, & apres toutes ses donations, & partages que nous auons iugez & estimez équitables, & necessaires selon Dieu, & le deuoir de nature, & pour le repos, & l'honneur de nostre famille; Nous declarons & instituons nostre tres-cher & tres-aimé petit Fils le Prince Carlo, par ce present Testament, que nous voulons & entendons auoir lieu, & effect en toutes ces parties & clauses, comme chose bien & deuëment pensée, deliberée en nostre esprit, & comme estant nostre derniere volonté, pour nostre seul & vniuersel heritier, de tous nos Estats en Italie: à sçauoir de ce Duché de Manroué, & de celuy de Montferrat; Comme encore en France de nos Duchez de Niuernois, Rethelois & Mayenne, & autres Principautez, Terres & Seigneuries qui nous y appartiennent, & encore de la Soüueraineté, & Duché de Charleuille, auec aussi toutes les pretentions que nous pouuons auoir, & pretendre iustement tant du côsté de la maison de Gonzagues & des Paleologues, que de celles de Bourgongne, Cleues, Neuers, & aux conditions neantmoins specifiées cy-dessus, & en satisfaisant aux aumosnes, donations, partages, mariages contenus en ce present Testament, ausquelles choses nous ne voulons ny entendons qu'il y soit fait aucune difficulté, ou retardement, & encore auec obligation de se charger de toutes autres sortes de debtes que nous auons & que nous pourrions auoir à l'heure de nostre deceds, tant en Italie, France qu'ailleurs. Et afin que cette nostre derniere volonté puisse estre en tous ses poincts & clauses, bien & deuëment executée, Nous auons iugé necessaire d'eslire, & choisir auec le respect toutesfois conuenable, & que nous deuons à la dignité & grandeur de leurs personnes, celle de la Majesté de l'Imperatrice Eleonor qui regne à present, & celle du Roy Tres-Chrestien, auquel le Prince nostre petit fils & nous, auons l'honneur d'appartenir de si pres, & de tous costez tant paternels que maternels, outre plusieurs, & tres-estroictes obligations que cette maison leur a, & d'ailleurs pour auoir en France plusieurs Duchez, Principautez & autres Terres considerables : mais pour ne donner trop d'importunitez à leurs Majestez, desquelles nous ne demandons que d'estre appuyez de leur Royale authorité pour ordonner que cette nostre derniere volonté soit exactement suiuie en toutes ces clauses, nous auons estimé d'eslire, & commettre soubs leurs bons plaisirs, les personnes qui s'ensuiuent, Monsieur le Duc de Longueuille nostre tres-cher Nepueu, & Monsieur Dauaux; principalement pour ce qui concerne les partages, & dispositions que nous auons

faites de nos biens de France, & Souueraineté d'Arches, comme
encor pour ce qui regarde en particulier la difpofition que nous
auons faite en nos biens d'Italie, les perfonnes du Prince de Bazola,
& des deux Prefidens des Senats de Mantouë, & de Cazal qui feront
en chargé lors de noftre deceds, & en leur abfence, ou deffault, les
deux plus anciés Senateurs, defquels leurs fufdites Majeftez pourront
entendre, s'il leur plaift, les manquemens qui fe pourroient par ha-
zard rencontrer en l'execution de ce Teftament comme encor oüyr
ceux qui y pourroient auoir intereft particulier, & qui prendroient
la hardieffe d'auoir recours à leurs authoritez en cas de trouble, ou
de mutation qu'on apporteroit à nos intentions, ce que nous ne pouuons toutesfois nous perfuader d'aucuns y ayant obferué, ce nous
femble, ce qui eft de iuftice & de bon naturel enuers tous ceux
qui font defcendus de nous, en tefmoin dequoy nous auons efcript,
entierement de noftre main ce prefent Teftament figné de noftre
main & nom, & cacheté de noftre fceau en noftre ville de Mantouë,
le iour de l'Affomption de Noftre-Dame quinziefme d'Aouft, l'an
de Grace mil fix cens trente-quatre. Signé, CHARLES, Duc de
Mantouë & de Montferat, *Laus & gloria Deo immortali.*

Ce Teftament a efté confirmé par vn Codicille efcript, & fi-
gné par deffunct Monfieur le Duc de Mantoüe & cacheté,
le iour de la Pentecofte dernier iour de May de l'année 1637. Et
pour ce qu'il ne contient aucune nouuelle difpofition, mais a de-
claré feulement par iceluy qu'il perfiftoit en la mefme volonté
portee par fondit Teftament qu'il ordonne eftre executé, il n'en
eft point fait plus ample mention.

ARREST DV CONSEIL D'ESTAT
prononcé par le Roy, sur le rapport de Monsieur le Chancellier.

E ROY ayant éuoqué à sa Personne le different meu au Parlement de Paris par les Princesses Louïse Marie de Gonzagues à present Roine de Pologne, & Anne sa sœur, Princesse Palatine, contre Charles II. Duc de Mantoüe & de Monferrat leur Nepueu, pour raison des biens & successions de feu Charles I. Duc de Mantoüe & de Montferrat, & Dame Catherine de Lorraine son espouse, leurs pere & mere, scituez en ce Royaume ; pour les causes & raisons contenuës en la Requeste presentée à sa Majesté par le Sieur Gabriel Zucconi Conseiller dudit Duc en son Conseil de France, & son Ministre en cette Cour, enuoyé exprés pour ce sujet par Madame la Duchesse de Mantoüe, mere & tutrice du dit Duc, & Regente de ses Estats, & en suite ordonné audit Sieur Zucconi, & ausdites Princesses par Lettres du 16. May 1640. de déduire leurs raisons à Monsieur le Chancellier, & à luy de les ouyr, receuoir leurs titres & papiers, & examiner leurs droicts, pour à son rapport estre pourueu aux vns & aux autres ainsi que de raison. Ce qu'ayant esté executé par ledit Zucconi & lesdites Princesses, qui ont esté & leur Conseil ouys diuerses fois par ledit Sieur Chancellier & Commissaires deputez par sa Majesté, & leurs titres, papiers, memoires, escritures, demandes, defenses, repliques & contredits exactement veus & examinez, ensemble l'Arrest de prouision dudit Parlement obtenu par lesdites Princesses le 8. Iuin 1638. Les Lettres de Naturalité accordées à la maison de Mantoüe par les Roys François I. Henry II. & Henry IV. des mois de Septembre 1539. Septembre 1550. & Septembre 1596. Ensemble les Lettres de Declaration du feu Roy Louis XIII. du mois de Iuillet 1634. le Testament du feu Duc de Mantoüe du 15. Aoust 1634. &

l'Eſtat des biens de ladite ſucceſſion, duquel ſont conuenües leſdites parties, auſquelles eſtant neceſſaire de pouruoir preſentement & terminer tous leurs differens, Veu les pieces cy-deſſus énoncées, ouy le rapport de Monſieur le Chancellier, Tout conſideré: LE ROY, SEANT EN SON CONSEIL, la Royne Regente ſa Mere preſente, A declaré & declare tous les biens de la ſucceſſion dudit feu Charles I. Duc de Mantoüe & de Montferrat, & par luy poſſedez en ce Royaume, appartenir à Charles II. Duc de Mantoüe & de Montferrat ſon petit fils, & ſon heritier legitime & Teſtamentaire, en la poſſeſſion & iouyſſance deſquels biens ſadite Majeſté a mainte-nu & gardé, maintient & garde ledit Sieur Duc de Mantoüe : Et quant aux fruicts, profits & reuenus de ladite ſucceſſion eſcheus depuis le deceds dudit feu Charles I. il en ſera rendu compte audit Duc par les Agens, Fermiers, Treſoriers, Receueurs & autres qui les auront maniez ; Et au cas que pour ce ſujet il arriue quelque different entre ledit Duc & leſdites Princeſſes qui regarde leurs in-tereſts, ſa Majeſté s'en reſerue la connoiſſance pour y pouruoir ainſi que de raiſon : A la charge de payer par luy à ladite Princeſſe Marie de Gonzagues ſa tante, à preſent Royne de Pologne, pour ſa dot la ſomme de quinze cens mil liures, à laquelle & du conſentement de ladite Princeſſe ſa Majeſté a liquidé tous les droicts ſucceſſifs, mo-biliers & immobiliers, tant paternels que maternels qu'elle pourroit pretendre aux ſucceſſions dudit feu Charles I. Duc de Mantoüe ſon pere & de Catherine de Lorraine ſa mere, & autres ſucceſſions à preſent eſcheuës à quelque titre que ce ſoit, & en quelques lieux que les biens deſdites ſucceſſions ſoient ſcituez & aſſis; ladite ſomme de quinze cens mil liures payable en la forme & aux termes portez par le contract de mariage du 26. Septembre dernier d'entre ladite Princeſſe Louïſe Marie & le Roy de Pologne: Et encore de payer par ledit Duc de Mantoüe pour la dot de la Princeſſe Anne de Gon-zagues Palatine ſa tante la ſomme de douze cens mil liures, laquelle ſomme ſera payée par ledit Seigneur Duc de Mantoüe aux termes & en la forme qui ſera cy-apres ordonnée par ſa Majeſté, & en attendant l'intereſt au denier vingt: Laquelle ſomme de douze cens mil liures luy tiendra lieu de fonds & ſortira nature de propre; Et ce pour tous les droicts & portions qu'elle pourroit auſſi pretendre eſdites ſucceſ-ſions comme deſſus. Leſquelles ſommes de quinze cens mil liures d'vne part & douze cens mil liures d'autre, qui demeureront auſdites Princeſſes franches & quittes, & deſchargées de toutes debtes deſdi-tes ſucceſſions eſcheües, retourneront, ou ce qui reſtera d'icelles audit Seigneur Duc de Mantoüe, au cas que leſdites Princeſſes Louïſe Marie & Anne de Gonzagues viennent à deceder ſans enfans;

E v

CXI

Et moyennant ce que deſſus, ledit Sieur Duc de Mantoüe demeurera
entierement deſchargé enuers leſdites Princeſſes de tout ce qu'elles
pourroient pretendre auſdites ſucceſſions dudit feu Seigneur Duc
de Mantoüe leur pere , & de ladite Dame ſon eſpouſe leur mere, ou
autres ſucceſſions à elles eſcheuës en vertu dudit Teſtament , ou
comme heritieres *ab inteſtat* , & en quelque autre façon & maniere
que ce pourroit eſtre. Et feront toutes Lettres patentes expediées
audit Sieur Duc de Mantoüe pour eſtre verifiées en ſuite en la Cour
de Parlement & Chambre des Comptes de Paris. FAIT au Conſeil
d'Eſtat du Roy, Sa Majeſté y eſtant , la Royne Regente ſa Mere
preſente, tenu à Paris le ſeptieſme iour de Nouembre , 1645. Signé,
DE LOMENIE.   Et ſeellé.

Collationné à l'Original par moy Conſeiller & Secretaire
du Roy, Maiſon & Couronne de France,
& de ſes Finances.

Ff

LETTRES DE DECLARATION

en faueur de Monsieur le Duc de Mantoüe, & de Madame la Princesse Eleonor sa Sœur, à present Imperatrice, leurs enfans, descendans & ascendans, auec dispense de l'habitation dans le Royaume, Registrees au Parlement & en la Chambre des Comptes.

OVIS PAR GRACE DE DIEV, ROY DE FRANCE ET DE NAVARRE: A tous presens & à venir, Salut. Sçauoir faisons qu'ayans par nostre Arrest du septiesme Nouembre dernier, terminé en faueur de nostre tres-cher & tres-amé Cousin Charles II. Duc de Mantoüe & de Montferrat, de Niuernois, Mayenne & Rethelois, Pair de France, &c. le different qui estoit entre luy & nos tres-cheres & tres-amées Cousines les Princesses Louyse Marie de Gonzagues, à present Royne de Polongne & Anne Princesse Palatine ses tantes, pour le faict de la succession des biens situez en ce Royaume de feu nostre tres-cher & tres-amé Cousin Charles I. Duc de Mantoüe, leur Ayeul & Pere: & ayans égard aux Lettres de Naturalité accordées par les Roys nos predecesseurs aux Princes de la maison de Mantoüe & leur posterité, & à la Declaration du feu Roy, de tres-auguste memoire, nostre tres-honoré Seigneur & Pere, du mois de Iuillet 1634. en faueur de nostredit Cousin Charles I I. & de nostre tres chere & tres amée Cousine Eleonor sa Sœur. Pour les mesmes causes y contenuës, suiuant l'exemple desdits Roys nos Predecesseurs, pour le bien de nostre seruice & pour autres bonnes considerations à ce nous mouuans, desirans gratifier & fauorablement traitter nostredit Cousin Charles I I. Duc de Mantoüe, nostre allié & confederé ; lequel, auec ses Estats, nous auons pris en nostre protection ; Nous auons par l'aduis de la Royne Regente, nostre tres-honorée Dame & Mere, de nostre propre mouuement, plaine

puissance, & authorité Royale, confirmé & confirmons par ces presentes signées de nostre main, les susdites Lettres de Naturalité & de
Declaration, & de nouueau reconnu & declaré, reconnoissons & declarons nostredit Cousin Charles I I. Duc de Mantoüe, & nostredite
Cousine la Princesse Eleonor sa Sœur, habiles & capables d'auoir,
tenir, posseder, & acquerir en cettuy nostre Royaume tous les biens
meubles & immeubles, & de recueillir tous les autres biens qui leur
pourroient escheoir, les tenans pour Regnicoles, comme estans
issus de Pere & Ayeul François, originaires de nostredit Royaume.
Et d'abondant, & de nostre grace speciale, pour les causes & considerations susdites, auons dispensé, & dispensons par ces presentes
nostredit Cousin le Duc de Mantoüe, & ladite Princesse Eleonor sa
Sœur, de la demeure & habitation en iceluy : comme aussi les auons
declaré & declarons habiles & capables d'ordonner, & disposer par
Testament, donation entre-vifs, ou autrement, de tous les biens
qu'ils possedent presentement, & pourroient posseder à l'aduenir
dans nostredit Royaume, en faueur de leurs Enfans descendans &
ascendans, lesquels pareillement nous auons censez & reputez pour
Regnicoles, tout ainsi que s'ils estoient nais, & demeuroient actuellement dans nostredit Royaume, les ayans à cét effect habilitez, &
dispensez, habilitons, & dispensons par ces presentes : comme encores en faueur d'autres leurs heritiers, successeurs, parens, ou telles
personnes que bon leur semblera, pourueu qu'ils soient Regnicoles,
sans qu'ils puissent estre à l'aduenir troublez en la iouyssance desdits
biens, ny que nos Officiers puissent pretendre iceux nous appartenir par droict d'aubaine sous pretexte des Statuts & Ordonnances
de nostre Royaume concernans les Estrangers, & sans aucune finance, laquelle à quelque valeur & estimation qu'elle se puisse monter, nous auons donné & remis, donnons & remettons par ces presentes, à nostredit Cousin le Duc de Mantoüe. SI DONNONS EN
MANDEMENT à nos amez & feaux Conseillers, les Gens tenans
nostre Cour de Parlement & des Comptes à Paris, Tresoriers Generaux de France, & à tous autres Officiers & Iusticiers, chacun endroict soy, que nostre presente grace & declaration, & de tout le
contenu en icelles ils fassent, souffrent, & laissent nostredit Cousin
le Duc de Mantoüe, & nostredite Cousine la Princesse Eleonor,
leursdits Enfans, descendans & ascendans, & autres leur heritiers,
successeurs, parens & ayans cause, iouyr & vser plainement, & paisiblement, sans souffrir leur estre mis ou donné aucun trouble, ou
empeschement au contraire : Car tel est nostre plaisir. Et afin que
ce soit chose ferme & stable à tousiours, nous auons fait mettre
nostre seel à cesdites presentes, sauf en autre chose nostre droict, &

l'autruy en toutes. DONNE' à Paris au mois de Ianuier, l'an de grace mil six cens quarante-six, Et de noftre Regne le troifiefme. Signé, LOVIS. Et fur le reply eft efcrit, Par le Roy, la Royne Regente fa Mere prefente, DE LOMENIE. Et à cofté, Vifa. Et feellé du grand fceau en cire verte à lacs de foye rouge & verte, & fur le reply eft efcrit.

Cét Arreſt eſt confirmé par co- luy du 3. Aouſt 1650. REGISTREES, ouy le Procureur general du Roy, pour iouyr par les Impetrans de l'effect & contenu en icelles, felon leur forme & teneur. A Paris en Parlement le vingt-troifiefme Fevrier, mil fix cens quarante-fix. Signé, DV TILLET.

EXPEDIEES, & regiftrées en la Chambre des Comptes du Roy noftre Sire, au Regiftre des Chartres de ce temps, ouy le Procureur general dudit Seigneur, fans approbation de l'addreffe & verifica-tion faite defdites Lettres en la Cour de Parlement, pour iouyr par ledit Sieur Duc de Mantoüie, & la dite Dame Princeffe Eleonor fa fceur de l'effect & contenu en icelles, felon leur forme & teneur, à la charge de faire par ledit Sieur Duc la foy & hommage qu'il doit, & eft tenu de faire à fa Majefté, pour raifon defdits Duchez de Niuer-nois, Mayenne & Rethelois, & moyennant la fomme de fix cens liures par luy volontairement payée, & qui a efté conuertie & em-ployée en aumofnes le vingt-vniefme iour de Mars, mil fix cens quarante-fix. Signé, DE COLANGE. Et à cofté eft efcrit, Regiftré.

Collationné à l'Original par moy Confeiller & Secretaire du Roy, & de fes Finances.

LETTRES

CXV

LETTRES DE DECLARATION
*du Roy Henry II. en faueur de Ludouic & Federic de
Gonzagues leurs enfans, posterité & lignée, nais & à naistre.
Registrées en la Chambre des Comptes.*

ENRY PAR LA GRACE DE DIEV ROY DE FRANCE. Sçauoir faisons à tous presens & à venir, que nous ayans esgard & consideration à la proximité de lignage, dont nous attiennent nos chers & amez cousins les Sieurs Ludouic & Federic de Gonzagues fils de feu nostre cousin le Duc de Mantoüe, estans du costé maternel de la maison d'Alençon, & desirans en toutes choses à eux necessaires les gratifier & fauorablement traitter. Pour ces causes & autres bonnes & iustes considerations à ce nous mouuans, auons voulu & ordonné, voulons, ordonnons & nous plaist, que d'oresenauant nosdits cousins soient tenus, censez & reputez vrays regnicoles de nostre Royaume, & qu'en iceluy ils puissent & leur soit loisible tenir & posseder tous & chacuns les biens tant meubles qu'immeubles qu'ils y ont à present, & pourront auoir cy-apres tant par successions, acquisitions, qu'autrement, & d'iceux tester, ordonner, & disposer par Testament & ordonnance de derniere volonté, donation faite entre-vifs, & consequemment en faire tout ce que bon leur semblera, & que les enfans aussi qu'ils auront, & autres ausquels ils pourront disposer de leursdits biens, leur puissent apres le trespas succeder, prendre & apprehender leurs successions, ou ce qu'ils en auront donné & disposé, tout ainsi que s'ils estoient natifs & originaires de nostre Royaume, nonobstant les Ordonnances & Constitutions generales d'iceluy. Et quant à ce les auons habilitez & dispensez, habilitons & dispensons, sans que nostre Procureur, ne autres nos Officiers en puissent cy-apres pretendre pour nous aucun droict d'Aubaine en leursdites successions, & ce qui en dependra,

Gg

que nofdits Coufins foient pour ce tenus, nous payer aucune finance ou indemnité, que nous leur auons donnée, quittée & remife, donnons, quittons & remettons par ces prefentes, à quelque fomme & eftimation qu'elle foit & puiffe monter. SI DONNONS EN MANDEMENT à nos amez & feaux les gens de nos Comptes & Treforiers à Paris, & à tous autres nos Iufticiers & Officiers, ou à leurs Lieutenans qu'il appartiendra, que de nos prefentes grace, congé, permiffion, difpenfe, habilitation, don de finance, & de tout l'effect & contenu en cefdites prefentes ils faffent, fouffrent, & laiffent nofdits Coufins, leurfdits enfans, pofterité & lignée nais & à naiftre, iouyr & vfer plainement & perpetuellement, tout ainfi & par la forme & maniere que deffus eft dit, ceffans & faifans ceffer tous troubles & empefchemens au contraire, lefquels fi faits, mis ou donnez leur eftoient, les mettent ou faffent mettre incontinent & fans delay à plaine & entiere deliurance, au premier eftat & deub. Et en rapportant le Vidimus fait foubs feel Royal de cefdites prefentes fignées de noftre main, Nous voulons noftre Receueur general eftre tenu quitte & defchargé de ce que pourra monter ladite finance & indemnité par tout où il appartiendra & où befoin fera fans difficulté: Car tel eft noftre plaifir, nonobftant que la valeur de ladite finance & indemnité ne foit cy-declarée, & que tels & femblables dons ne deuffent eftre faits, paffez ny allouëz que pour la moitié feulement, les Ordonnances par nous faites fur le fait de nos finances, & port d'icelles en nos coffres du Louure, & quelques autres Ordonnances, reftrinctions, mandemens, ou defenfes tant par nos Predeceffeurs Roys, que par nous au contraire, à toutes lefquelles & fans prejudice d'icelles en autres chofes, nous auons dérogé & dérogeons par cefdites prefentes, aufquelles afin que ce foit chofe ferme & ftable à toufiours, nous auons faic mettre noftre feel à cefdites prefentes, fauf en autres chofes noftre droict, & l'autruy en toutes. Donné à Lifle-Adam au mois de Septembre l'an de grace mil cinq cens cinquante, & de noftre regne le quatriefme. Signé, HENRY. Et fur le reply, Par le Roy, le fieur de MONTMORENCY Conneftable & grand Maiftre de France prefent DV THIER. Vifa. Et feellées de cire verte fur lacs de foye. Et à cofté fur ledit reply.

EXPEDIEES & regiftrées en la Chambre des Comptes du Roy noftre Sire au Regiftre des Chartres à prefent courant, moyennant la fomme de quarante efcus d'or fols payez par les impetrans, & qui conuertis ont efté en aumofnes, pourueu toutesfois que les heritiers defdits impetrans foient regnicoles. Fait au Bureau par ordonnance de Meffieurs, le quinziefme iour de Nouembre l'an mil cinq cens cinquante. Signé, FRAGVIER.

LETTRES DE DECLARATION
du Roy Henry IV. en faueur de Vincent de Gonzagues
Duc de Mantoüe, François Ferdinand & Vincent de Gon-
zagues fes enfans & leurs enfans. Regiftrées en la Chambre
des Comptes.

ENRY PAR LA GRACE DE DIEV
ROY DE FRANCE ET DE NAVARRE.
A tous prefens & à venir, Salut. Sçauoir
faifons que nous defirans bien & fauorablement traitter noftre tres-cher & amé
coufin Vincent de Gonzagues Duc de
Mantoüe & de Montferrat, & nos tres-
chers & amez coufins François, Ferdinand
& Vincent de Gonzagues fes enfans, en
confideration de la bonne & parfaite ami-
tié que leurs predeceffeurs & eux ont de tout temps fait paroiftre au
bien, grandeur & accroiffement de cette Couronne, dont ils nous
ont rendu de fi bons tefmoignages que nous auons occafion de n'en
douter aucunement. Pour ces caufes & autres grandes fauorables
confiderations à ce nous mouuans, & en continuant la grace qui a
efté faite par les Roys nos predeceffeurs aux feuz Ducs de Mantoüe
& leurs enfans, & fpecialement par les feuz Roys François I. &
Henry II. noftre tres-honoré feigneur & beaupere que Dieu abfol-
ue, auons voulu & ordonné, voulons, ordonnons & nous plaift,
que dorefenauant nofdits coufins foient tenus, cenfez & reputez regnicoles de noftre Royaume, & qu'en iceluy ils puiffent & leur foit
loifible tenir & poffeder tous & chacuns les biens meubles & immeubles qu'ils ont de prefent, & pourront auoir cy-apres, tant par fucceffions, acquifitions qu'autrement, & d'iceux tefter, ordonner & difpofer par teftament & ordonnance de derniere volonté, ou donation
faite entre-vifs, & confequemment en faire tout ce que bon leur
femblera; & que les enfans auffi qu'ils auront, & autres aufquels ils
pourront difpofer de leurfdits biens, leurs puiffent apres leurs trefpas
fucceder, prendre & apprehender leurs fucceffions, ou ce qu'ils en

auront donné & difpofé, tout ainfi que s'ils eftoient natifs & originaires de noftre Royaume, nonobftant les Ordonnances & Conftitutions generales d'iceluy ; Et quant à ce les auons habilitez & difpenfez, habilitons & difpenfons , fans que noftre Procureur ne autres
nos Officiers en puiffent pretendre pour nous aucun droict d'Aubaine en leurs fucceffions, & ce qui en dépendra ; ny que nofdits coufins
foient pour ce tenus nous payer aucune finance ou indemnité , que
nous leur auons donnée , quittée & remife , donnons , quittons & remettons par cefdites prefentes à quelque fomme, valeur & eftimation
qu'elle foit & fe puiffe monter. SI DONNONS EN MANDEMENT à nos
aimez & feaux les Gens de nos Comptes, Prefidens & Treforiers generaux de France au Bureau de nos finances eftably à Paris , & à tous
nos autres Iufticiers & Officiers ou leurs Lieutenans, que de nos prefentes grace, cógé, permiffion, difpenfe, habilitation, don de finance,
& de tout le contenu cy-deffus ils faffent , fouffrent, & laiffent nofdits
coufins , leurfdits enfans , pofterité & lignée nais & à naiftre, iouyr &
vfer plainement, paifiblement & perpetuellement , tout ainfi & par
la forme & maniere que deffus eft dit , ceffans & faifans ceffer tous
troubles & empefchemens au contraire, lefquels fi faits, mis , ou donnez leur eftoient, les mettent ou faffent mettre incontinent & fans
delay à plaine & entiere deliurance, & au premier eftat & deub. Car
tel eft noftre plaifir , nonobftant que la valeur de ladite finance ne
foit cy-declarée & fpecifiée, l'ordonnance par nous faite, par laquelle
nous auons referué tels & femblables dons pour eftre employez és
reparations des places frontieres de noftre Royaume, à laquelle nous
auons de noftre certaine fcience, plaine puiffance & authorité Royale dérogé & dérogeons par ces prefentes, enfemble à la dérogatoire
de la dérogatoire y contenuë , & fans prejudice d'icelle en autres chofes , & quelconques autres ordonnances, mandemens, reftrinctions,
defenfes , & lettres à ce contraires. Et afin que ce foit chofe ferme &
ftable à toufiours, nous auons fait mettre noftre feel en cefdites prefentes , fauf en autres chofes noftre droict, & l'autruy en toutes. Donné à Monceaux au mois de Septembre l'an de grace mil cinq cens
quatre vingts feize, & de noftre regne le huictiefme. Signé, HENRY.
Et fur le reply, Par le Roy, DE NEVFVILLE. Vifa. Et feellées de
cire verte fur lacs de foye , Et à cofte' fur le reply.

EXPEDIEES & regiftrées en la Chambre des Comptes du Roy noftre
Sire au regiftre des Chartres de ce temps, Ouy le Procureur general
dudit Sieur, pour iouyr par les impetrans de l'effect & contenu en icelles felon leur forme & teneur, moyennant la fomme de quatre-vingts
efcus fols par eux payée , qui a efté conuertie & employée en aumofnes. Le feiziefme iour de May mil cinq cens quatre-vingts dix-fept,
pourueu que leurs heritiers foient regnicoles. Signé, PEGEAVT.

LETTRES

LETTRES DE DECLARATION
du Roy Louys XIII. en faueur de Monsieur le Duc de Mantoüe, & de Madame la Princesse Eleonor à present Imperatrice.

L OVIS PAR LA GRACE DE DIEV ROY DE FRANCE ET DE NAVARRE. A tous presens & à venir, Salut. Nostre tres-cher & bien amé cousin Charles de Gonzagues & de Cleues, Duc de Mantoüe & de Montferrat, de Niuernois & de Rethelois, Pair de France, nous a fait remonstrer que durant sa demeure en nostre Royaume il auroit contracté mariage auec feuë nostre tres-chere & bien amée cousine Catherine de Lorraine, dont seroient sortis entr'autres enfans nostre cousin Charles de Gonzagues Duc de Rethelois, depuis Prince de Mantoüe, & nos cousines Marie & Anne de Gonzagues; & qu'ayant recueilly la succession de Mantoüe & de Montferrat à luy escheuë comme plus proche du sang en la legitime possession de laquelle il a esté maintenu par nostre authorité & puissance contre ceux qui luy vouloient quereller, il auroit pour le bien & repos de ses Estats, de nostre gré, consentement & entremise fait espouser à nostredit cousin Charles de Gonzagues son fils aisné nostre cousine Marie de Gonzagues Princesse de Mantoüe sa cousine, de laquelle, estant mort quelque temps apres, il a laissé deux enfans, Charles à present Prince de Mantoüe & Eleonor Princesse de Mantoüe encore viuans, lesquels estans nais hors nostre Royaume pourroient cy-apres estre estimez estrangers, & par consequent incapables de recueillir les biens qui leur pourroient escheoir en iceluy, soit de la succession de nostredit cousin le Duc de Mantoüe leur ayeul, ou autres leurs parens, s'il ne leur estoit sur ce pourueu de nos Lettres necessaires. A CES CAVSES & autres bonnes considerations à ce nous mouuans, & desirans gratifier & fauorablement

Hh

traitter noſtre couſin le Duc de Mantoüe noſtre allié & confederé, lequel auec ſes Eſtats nous auons pris en noſtre protection, auons de noſtre propre mouuement, plaine puiſſance, & authorité Royale declaré & declarons par ces preſentes ſignées de noſtre main, noſtredit couſin le Prince Charles de Mantoüe, & noſtredite couſine Eleonor Princeſſe de Mantoüe ſa ſœur habiles & capables d'acquerir en cettuy noſtre Royaume tous biens meubles & immeubles qu'il leur plairra, & de recueillir tous les autres biens qui leur pourroient eſcheoir par la ſucceſſion tant de noſtredit couſin le Duc de Mantoüe leur ayeul, qu'autres leurs parens, les tenans comme regnicoles, eſtans iſſus de pere & ayeul François originaires de noſtredit Royaume, & d'iceux biens ordonner & diſpoſer par teſtament, donation ou autrement en faueur d'autres leurs parens, ou telles perſonnes que bon leur ſemblera pourueu qu'ils ſoient regnicoles, & qu'apres leurs deceds, leurs enfans & plus proches parens ou autres en faueur deſquels ils auront diſpoſé leur puiſſent ſucceder, comme ſi noſtredit couſin & couſine eſtoient nais en noſtre Royaume & demeurans en iceluy. Auons en outre octroyé à noſtredit couſin le Duc de Mantoüe que s'il arriuoit qu'il conuolaſt en ſecondes nopces & euſt d'autres enfans, & que noſdites couſines les Princeſſes Marie & Anne de Gonzagues ſes filles de ſon premier mariage, leſquelles ſont nées en noſtredit Royaume, fuſſent de noſtre gré & conſentement mariées hors d'iceluy, que les enfans qui pourroient prouenir deſdits mariages ſoient auſſi cenſez pour regnicoles, & iouyſſent & diſpoſent ainſi que deſſus des biens qui leur pourroient eſcheoir en noſtredit Royaume, pays & ſeigneuries de noſtre obeyſſance tout ainſi que s'ils y reſidoient & demeuroient actuellement, les ayans à cét effect habilitez & diſpenſez, habilitons & diſpenſons par ces preſentes, ſans eſtre troublez en la iouyſſance deſdits biens, ny que nos Officiers puiſſent pretendre iceux nous appartenir par droict d'Aubaine ſous pretexte des ſtatuts & ordonnances de noſtre Royaume concernans les eſtrangers & ſans aucune finance, laquelle à quelque valeur & eſtimation qu'elle ſe puiſſe monter, nous auons donnée & remiſe, donnons & remettons par ces preſentes à noſtredit couſin le Duc de Mantoüe. Si DONNONS EN MANDEMENT à nos amez & feaux les Gens tenans noſtre Cour de Parlement & de nos Comptes à Paris, Treſoriers generaux de France, ſi comme à chacun d'eux appartiendra, & à tous nos autres Officiers & Iuſticiers chacun en droict ſoy, que de noſtre preſente grace & declaration & de tout le contenu en icelle ils faſſent, ſouffrent & laiſſent noſtredit couſin le Duc de Mantoüe & ſes enfans nais & à naiſtre, & ceux de feu noſtredit couſin le Prince de Mantoüe iouïr & vſer

CXXI

plainement & paisiblement, sans souffrir leur estre mis ou donné
aucun trouble ny empeschement au contraire: Car tel est nostre
plaisir. Et afin que ce soit chose ferme & stable à tousiours, nous
auons fait mettre nostre seel à ces presentes, sauf en autres choses
nostre droict, & l'autruy en toutes. Donné à Chantilly au mois de
Iuillet l'an de grace 1634. & de nostre regne le vingt-cinquiesme.
Signé, LOVIS. Et sur le reply, Par le Roy, BOVTILLIER.
Et à costé, Visa. Et seellées en cire verte.

Collationné aux Originaux par moy Conseiller & Secretaire du
Roy, Maison & Couronne de France, & de ses Finances.

PRIVILEGE DV ROY.

LOVIS PAR LA GRACE DE DIEV ROY DE FRANCE ET DE NAVARRE, A nos amez & feaux Conseillers les Gens tenans nos Cours de Parlemens, Maistres des Requestes ordinaires de nostre Hostel, Baillifs, Seneschaux, Preuosts leurs Lieutenans, & tous autres nos Iusticiers & Officiers qu'il appartiendra, Salut. Nostre tres-chere & bien amée LOVISE GELLEE veufue Iean Guil-lemot Imprimeur Libraire de nostre ville de Paris, nous a fait dire & remonstrer, que les Agens du Conseil de nostre cousin le Duc de Mantoüe luy ont mis entre les mains pour imprimer vn Arrest de nostre Cour de Parlement de Paris, rendu au profit de nostredit cousin, contre ses cousines les Royne de Pologne & Princesse Palatine, le troisiesme Aoust de l'année der-niere mil six cinquante-vn, dans lequel sont inserez les Plaidoyers, sur lesquels est interuenu ledit Arrest, & quelques autres Pieces qui concernent ladite affai-re; Ausquels Agens elle doit fournir certaine quantité d'Exemplaires: & pour ce qu'il ne seroit pas raisonnable de frustrer le public d'vne Piece de cette quali-té, elle desireroit tirer encor plusieurs autres Exemplaires d'icelle pour les debi-ter: mais elle craint qu'apres auoir fait de la despense, d'autres les voulussent imprimer, s'il ne luy estoit pourueu de nos Lettres necessaires, qu'elle nous a tres-humblement fait supplier luy vouloir octroyer. A CES CAVSES, Nous auons permis & permettons à l'Exposante d'imprimer, vendre & debiter, en tous lieux de nostre obeïssance, en telles marges, caracteres & autant de fois qu'elle vou-dra, lesdits *Arrest, Plaidoyers & autres Pieces*, durant le temps & espace de six ans, à commencer du iour qu'ils seront paracheuez d'imprimer pour la premie-re fois; & faisons tres-expresses defenses à toutes personnes de quelque qualité & condition qu'elles soient, de l'imprimer, vendre & debiter en aucun endroict de nostre Royaume durant ledit temps, sous pretexte d'augmentation, corre-ction, changement de titre ou autrement, en quelque sorte & maniere que ce soit, à peine de quinze cens liures d'amende, payable sans deport par chacun des contreuenans, applicable vn tiers à Nous, vn tiers à l'Hostel-Dieu de Paris, & l'autre tiers à l'Exposante, de confiscation des Exemplaires contrefaits, & de tous despens, dommages & interests; à la charge qu'il en sera mis deux Exem-plaires dans nostre Bibliotheque, & vn en celle de nostre tres-cher & feal le Sieur Molé Cheualier, Garde des Sceaux de France, auant que de l'exposer en vente, à peine de nullité des presentes, du contenu esquelles nous vous man-dons que vous fassiez iouïr plainement & paisiblement ladite Exposante, & ceux qui auront droict d'elle, sans qu'il leur soit fait aucun trouble ou empeschement au contraire; Voulons aussi que mettant au commencement, ou à la fin dudit Liure vn bref extraict des presentes, elles soient tenuës pour deuëment signi-fiées, & que foy y soit adioustée, & aux copies collationnées par vn de nos amez & feaux Conseillers & Secretaires comme à l'Original; Mandons au premier Huissier ou Sergent sur ce requis, de faire pour l'execution des presen-tes tous exploicts requis & necessaires : Car tel est nostre plaisir. Donné à Ponthoise le vingt-neufiesme iour de Iuillet l'an de grace mil six cens cin-quante-deux. Et de nostre Regne le dixiesme. Par le Roy, RADIGVES.